Mario Kostzer

El pelotudo argentino

manual para identificación y uso

VERGARA
GRUPO ZETA

Barcelona • Bogotá • Buenos Aires • Caracas • Madrid • México D.F. • Montevideo • Quito • Santiago de Chile

© Ideas Editoriales de Mario Kostzer, 2004
© Ediciones B, S.A., 2004
  para el sello Javier Vergara Editor
  Av. Paseo Colón 221, Piso 6 - Ciudad Autónoma
  de Buenos Aires, Argentina.
  www.edicionesb.es

© de las Ilustraciones: Diego Lobo (h), 2004

Diseño gráfico: Vasarely

Supervisión editorial y de producción: Carolina Di Bella

Impreso en Argentina / Printed in Argentine
ISBN: 950-15-2353-5
Depositado de acuerdo a la Ley 11.723

Impreso en Longseller en el mes de octubre de 2004.

Todos los derechos reservados. Bajo las sanciones establecidas
en las leyes, queda rigurosamente prohibida, sin autorización
escrita de los titulares del *copyright*, la reproducción total o parcial
de esta obra por cualquier medio o procedimiento, comprendidos
la reprografía y el tratamiento informático, así como la distribución
de ejemplares mediante alquiler o préstamo públicos.

A los pelotudos que me alegran la vida y que amo.
Los demás ahora tienen su libro.

"Hay dos cosas infinitas:
el universo y la estupidez humana."

Albert Einstein

"Existen dos maneras de ser feliz en esta vida;
una es hacerse el idiota,
y la otra, serlo."

Sigmund Freud

Pelotudo: Persona que se comporta con falta de viveza, de una manera poco inteligente, ingenua o ridícula.

Hacerse el pelotudo: Fingir desconocimiento acerca de algo o hacerse el desentendido respecto de un hecho.

Pelotudez: Expresión o acción que refleja deficiencia de razonamiento o falta de inteligencia o seriedad.

Pelotudear: Decir o hacer tonterías. Perder el tiempo y no hacer nada de provecho.

De *El diccionario del español de Argentina*, coordinado por Claudio Chuchuy, Gredos.

Prólogo pelotudo

Escribir un prólogo con el miedo latente de que será considerado una pelotudez es un poco condicionante. Pero asumamos el riesgo. Desde aquel maravilloso *Manual de Zonceras Argentinas*, del entrañable don Arturo Jauretche, nos pasaron muchas cosas, y aquellas zonceras, lejos de terminar, se fueron multiplicando, amplificando. Aparecieron nuevas. Algunas muy trágicas, como la que sostenía que "algo habrán hecho" o aquella de "por algo será". De la mano de la globalización a la Argentina versión Menem-De la Rúa, la pelotudez se adueñó de nuestro país. Los pelotudos se multiplicaron, y se complejizó su clasificación.

La pelotudez general consistió en pensar que el peso argentino se cotizó durante más de diez años más que el dólar, que se puede vivir bien en medio de la destrucción del país, que los bancos son confiables, que no importa que roben mientras hagan, que el resto del mundo se muere de envidia de nosotros.

Este libro de Mario Kostzer lleva un espejo en la tapa, en el cual el primero en mirarse fue el autor de las páginas que siguen a este prólogo y esto le da a este libro seriedad, porque parte de la autocrítica y no de la soberbia. Todos fuimos pelotudos en algún momento de nuestra vida y cada tanto volvemos a sentirnos así, en la medida que estemos atentos a nuestras pelotudeces.

La galería de pelotudos que presenta este libro recorre rigurosamente la sociedad argentina de 2004. Aquí encontrará el lector a muchos de los personajes con los que convive sufridamente todos los días y, si le alcanza el sentido del humor, podrá reconocerse o reconocer actitudes propias en algunos de los especímenes analizados por Kostzer que justifican la genial idea del espejo de tapa.

Felipe Pigna

Acerca del autor, su pelotudez y la de su analista

Cuando conocí a Mario Kostzer en una extraña entrevista realizada no hace mucho en mi consultorio, lo preocupaban dos cosas: la primera, que se sentía desolado porque su champú no hacía espuma. Esa consulta quedó rápidamente disipada al señalarle que tenía poco pelo. La segunda, más compleja, se refería a una serie de sueños que venía teniendo y en los que veía a alguien escribiendo un libro sobre un tema obsesivo para él: la pelotudez. Desesperado, buscaba en la realidad ese escritor ficticio para realizar sus sueños. Hasta que, poseído de súbita conciencia, exclamó: "¡qué pelotudo! ¿por qué no escribirlo yo mismo?". Inmediatamente me preguntó qué pensaba yo, a quien percibía muy callado. Le respondí que hasta ese momento me preocupaba que se hiciera el pelotudo y no pagara mis honorarios. Luego indagué acerca de cómo imaginaba que podía ayudarlo. Me contestó que con un té con galletitas, dado que casi no había desayunado esa mañana. Le aclaré que no me refería a ese tipo de ayuda, sino a otra específica, relativa a la actividad que profeso. "¿Qué profesa? ¿Me lo dice ex profeso? ¿Usted es profesor? Creí que era psicólogo...". En ese instante decidí colaborar con Mario Kostzer en la elaboración del libro. Interpreté la consulta como el deseo de convertir una dificultad en instrumento -logro que jamás alcanzaría, ya que eso es exclusivo de inteligentes-. Pero, pensé: también es verdad que para un pelotudo ningún instrumento ofrece dificultades, cosa que anulaba mi anterior reflexión. Además, me dije, este personaje no iba a ganarme: yo iba a ser más o menos pelotudo, pero nunca un pelotudo como él. El libro iba a ser escrito, yo colaboraría y quien lo comprara nunca sabría que estaba adquiriendo un espejo para romper.

REFLEXIONES ACERCA DE LA INVULNERABILIDAD E INMORTALIDAD DEL PELOTUDO

Frente a la pelotudez explícita en frases o actitudes, propias o ajenas, experimentamos un sentimiento ligado a lo irremediable, en este caso, aquello que no acepta ni entiende la necesidad de modificarse. Tratar de hacerlo, nos conduce al espantoso diagnóstico de pelotudo que tanto tratamos de evitar. Sólo nos queda contemplar en recogido silencio este espectáculo humano, donde asistimos a la visión de una pelotudez majestuosa, revestida de gran escenografía interior y donde la justificación de sus actos rige con la máxima impunidad. Su invulnerabilidad está protegida por el desconocimiento de otra mirada que no sea la propia. Si bien tal forma se asemeja a la negación y a la enfermedad narcisística, éstas tienen fracturas que el pelotudo no acusará nunca, puesto que el arrepentimiento, la reflexión consciente y la duda no habitan en su rinencéfalo y zonas adyacentes. El pelotudo se desliza en la vida por el tránsito, la familia, las instituciones, los medios, las profesiones e incluso, la política, en la que suele tener insospechados éxitos. La invulnerabilidad mencionada llega a otorgarle un aura de inmortalidad ya que su hábitat en el Olimpo le permite codearse con algunos dioses -pelotudos también ellos- que lo comprenden a través de la coparticipación eterna de actividades y propósitos ininputables. Para nuestra desgracia, en su inmortalidad, lejos de permanecer como los dioses, en el más allá, lo hacen, por el contrario, en el más acá. Así las cosas, su representatividad no derivada de elecciones previas ofrece presencia sobrada y eterna en nuestra pobre sociedad.

LA FAMILIA: FÁBRICA DE PELOTUDOS

Suele decirse que una cosa es ser niño y otra, pelotudo. La insistencia y el negativismo alentados o disimulados por los padres, tutores o encargados, como se decía antes, dan el perfil inicial de un pequeño pelotudo, monstruo destinado a tener amigos similares. Su óptica de las cosas no sufrirá variantes luego de su inicial constitución y mal haría uno en preguntarse acerca de qué hará la vida con él. La inmodificabilidad antes descrita ya se ha constituido adeínicamente, y nada ni nadie podrá cambiar su paso por la vida, en la que se reproducirá como los virus electrónicos, configurando trágicos modelos de razonamiento. Certezas como "De tal palo, tal astilla", eufemismo que podría traducirse como "pelotudo los padres, pelotudos los hijos" sólo puede mejorarse disminuyendo la cantidad de hijos o, directamente, no teniéndolos. Lo que, además de su beneficio obvio, colabora con el control demográfico. Toda invocación, incluso las más serias como "¡creced y multiplicaos!", constituye en este caso un claro riesgo para la coexistencia pacífica. Cuánto mejor tener mascotas como un ciempiés o una tarántula que educar un energúmeno, dicho esto con toda la ternura que un niño inspira.

Y A MANERA DE CONCLUSIÓN...

A pesar de haber tomado todas las medidas psicohigiénicas para evitar contagios, es posible que Mario Kostzer me haya contaminado con su pelotudez diagnosticada prematuramente. Pero también germina en lo más profundo de mi psiquis la sospecha de que se trata de lo contrario, que sea un "vivo", posibilidad que me cuesta horrores admitir. Dentro de la bendición del darse cuenta, nadie soporta este acto de conciencia pura cuando se realiza sólo después que otro lo logra. Por lo tanto, y haciendo honor al concepto de que toda crítica debe incluir una propuesta, postulo no una sino dos: a) que en los próximos juegos olímpicos se incluya las Olimpiadas del Pelotudo, para probar de ese modo la popularidad de este fenómeno y b) que se constituya, instituya y desarrolle una asociación, sin fines de lucro, para probables pelotudos empeñados en exhibir racionalidad sin tener que demostrarla.

OSVALDO AIZICZON
Psicólogo clínico-psicoanalista

Usted cree que no es un pelotudo.

Pero lo tomaron por pelotudo el día que le dijeron...

El pelotudo paquete

"Nadie puede amasar una fortuna sin hacer harina a los demás."
                                               Manolito, personaje de **Mafalda,** *de Quino*

Para ser paquete en la Argentina no se requiere una fortuna, aunque serlo sea permanentemente el objetivo de esta categoría de pelotudos.

Si a esa fortuna se puede acceder sin trabajar, mejor. Hay una larga lista de requisitos que no deben faltar en el perfil de este tipo de pelotudo argentino. Para acceder a esa condición, uno debe aprender a hablar de manera paqueta; y para ello, debe ejercitar el arrastre de la voz.

El pelotudo paquete camina de una manera particular; eso se logra frunciendo fuertemente el culo y pegando un poco los brazos al tronco. La vestimenta paqueta está casi al nivel de uniforme.

El hombre debe usar pantalones grises y camisas celestes y/o blancas, *blazers* y mocasines color suela.

El pelotudo paquete tiene hijos al por mayor, y éstos deben vestirse todos igual, con una marcada preferencia, en dichos casos, por los "géneros escoceses".

Es de comer muy poco. Si uno es invitado a una fiesta paqueta, siempre es recomendable comer algo antes, aunque hay que reconocer que el alcohol abunda en estas reuniones.

El nombre de los hijos de este pelotudo se elige dentro de un acotadísimo listado. Concurrir a una fiesta familiar paqueta promoverá diferentes tipos de confusión, ya que se encontrará a más de uno con el mismo nombre.

En cuanto a los apellidos, deben ser siempre dos, y se debe forzar un apellido que suene paquete. Son mucho más paquetes los apellidos españoles combinados con alguno inglés o francés. No resulta paquete incluir personas de otro origen, aunque si, por una exclusiva razón de interés económico, hay que agregar a la familia una de esas personas, se hará lo posible por disimularla y, poco a poco, se deberá convertir al socio capitalista incorporado para que se comporte como paquete.

Las inclinaciones del pelotudo paquete por la política siempre están orientadas hacia las opciones de derecha, aunque tiene una habilidad especial para inmiscuirse en puestos clave de partidos de otro tipo, cuando éstos acceden al poder; en ese sentido, el pelotudo paquete exhibe siempre sus poquísimos escrúpulos.

La profesión preferida de este pelotudo es la Abogacía, y el título de doctor debe incorporarse inmediatamente en su nombre para que hasta el personal doméstico y, en algunos casos su esposa, se dirijan a él de ese modo.

El pelotudo paquete también siente pasión por las actividades del campo, y su gran aspiración es

tener alguna extensión de tierra por ahí, aunque el tamaño sea lo de menos -en este caso- ya que el hecho de realizar alguna actividad campera se manifiesta cuando el pelotudo paquete se exhibe en un vehículo sucio por su incursión en terreno rural y con vestimentas que digan que viene de allí. Caso contrario, se esforzará para que todos se enteren de que estuvo en el campo.

Generalmente, hereda alguna extensión de tierra que se preocupa en destruir con sumo esmero. Su relación matrimonial es otro tema para analizar. Lo usual es que los pelotudos paquetes se casen entre ellos, con lo que generan, debido a la conjunción de dobles apellidos, algunos engendros increíbles. Queda bien para el paquete que su mujer lo llame por el apellido. Él casi no vive en su casa, y cuando marido y mujer salen juntos a una reunión de señoras paquetas, donde se bebe en abundancia, ella departe con las otras esposas de temas absolutamente triviales, y el pelotudo paquete, por su lado, cuenta aventuras extramatrimoniales o ilustra a los otros contertulios sobre la manera en que cagó a otro.

Sus hijos deben ir a colegios religiosos, donde van a comenzar su vida social paqueta.

El trato de este pelotudo con los que no pertenecen a su clase se basa absolutamente en el interés y, si no existe tal interés, el trato es despreciativo.

El pelotudo paquete argentino está en crisis. El actual debió incorporar pelotudos con aspiraciones paquetas pero con plata y el de comienzos del siglo XX amasó terribles fortunas de manera no siempre santa.

El pelotudo paquete de otrora ha alimentado una cantidad de subespecies pelotudas que han vivido de ellos brindándoles servicios; pero la crisis también anidó aquí, y el tiempo dirá si se extinguen o mutan hacia nuevas especies.

El pelotudo *new age*

Fácil de reconocer. Vestimenta, hábitos, olores y lecturas conforman un pelotudo de características muy diferenciadas.
Usted llegará a la casa de él y tocará el timbre. Posiblemente, tarde en atenderlo, debido a que está meditando. Tal vez, esté sentado en el inodoro realizando otros menesteres, pero será muy importante que usted se entere de que él estaba entregado a la meditación.
Al entrar al hogar del pelotudo *new age*, lo primero que experimentará serán exóticos olores: incienso, perfume pachuli, esencias de Oriente.
Él lo recibirá ataviado con ropa hindú suelta y colorida, y con sandalias. Su hogar lucirá rigurosamente acomodado según las normas del *feng-shui*. Lo invitará a sentarse en amplios almohadones ubicados en el piso. Sonarán extrañas aunque poco estridentes melodías. Posteriormente, si él lo invita con algo, eso puede ser algún brebaje vegetariano o un yogur -receta hindú- que difícilmente invite a ser bebido.
Antes de que ambos entren en conversación, sonará el teléfono, y usted no podrá evitar escuchar la charla:
-¿Aloooooo?
-¡¡¡No me digas, es alucinante!!!
-Me lo recomendó Marcela. Mirá, al levantarte, tomás un zumo de limón; después, cuando evacuás, tenés que hacer media hora de baño de asiento con una infusión de ajo y cilantro. Luego de la meditación, tenés que ponerte unas compresas de estiércol de cabra, lo que te va a conectar con la Madre Tierra, y aspirar todo según las técnicas de respiración del yogui Ramacharaka, quedás nuevo... y en paz total

con la naturaleza. ¿Sabés?, estoy con gente... Nos vemos en el seminario. ¿Cómo qué seminario? El de terapia colónica con inciensos. Lo dicta un maestro ascendido, que dio anteriormente el de masajes de tímpanos. Va a ser en la sede de la Asociación Argentina de Sanadores Tántricos. ¡Te veo! Chau...

Al abrir el diálogo, él le preguntará cuál es su signo y lo pondrá en apuros con los datos de su ascendente; a continuación, se explayará acerca de las relaciones de su signo con alguna deidad oriental, cuyo nombre le recuerda a usted a un albergue transitorio. Hará predicciones sobre su futuro y lo tentará con el *I Ching* o con las cartas del Tarot. A esta altura de la conversación, usted no sabrá cómo decirle que el motivo de su visita es mucho más terrenal que el que el pelotudo *new age* le propone. Como seguramente no tiene intenciones de ser irrespetuoso, usted le seguirá la corriente, lo que, por supuesto, no le resultará nada fácil. Acto seguido, usted clavará la vista en su biblioteca, donde conviven ejemplares del horóscopo chino, obras del Conde de Saint-Germain o de Krishnamurti con un tratado de obras sanitarias, además de otras, como un sistema de adivinación por medio de los lunares o la mejor forma de masajear el tobillo; un tratado de sexología oriental, un sistema oriental para decodificar flatulencias e interpretar así los biorritmos; la dieta del perejil o las bondades del zumo de bergamota.

El pelotudo *new age* lo convencerá de que usted está estresado. Usted no se animará a confesarle que él lo está estresando; acto seguido, el dueño de casa le sugerirá que lo acompañe con ejercicios de *tai-chi-chuan* y, lo que es peor, le propondrá que vayan a practicarlo a la plaza más próxima, adonde se reúnen los devotos del Sai Baba. Como usted está con vestimenta inadecuada, él osará prestarle una túnica fucsia impregnada de pachuli. A esta altura del partido, usted ya perdió la voluntad y no hace más que seguirlo. De esa manera, se encuentra en una concurrida plaza con una túnica que lo hace dudar de su buen gusto, realizando estrambóticos movimientos, cuando su mujer, que fue a buscar a los niños a la escuela, pasa con ellos por allí.

De aquí en adelante, dejo a su criterio la explicación de que usted, que es administrador de consorcios, fue a cobrarle las expensas al del 4º B y terminó en esto. Posiblemente, estemos ante la descripción de un nuevo tipo de pelotudo.

El pelotudo porteño

Gritón, hueco, agrandado, ignorante, b conventillero, ordinario, violento, fascist decadente, soberbio, indeseable, bolas tr atorrante, idiota útil, inútil, desagrad despectivo, presuntuoso, falso amigo, infi inoportuno, impulsivo, descortés, med absurdo, irracional, molesto, hablador, rel entrometido, grosero, intolerante, vulgar, desleal, improductivo, inmaduro, ímpro indiscreto, insensato, ligero, absurdo superficial, imposible, provocador, va humillante, informal, arbitrario, incon ruin, imprevisible, ventajero, impacier Atolondrado, intratable, inadaptado, disp

— EL **pelotudo** ARGENTINO

n, aspaventero, camorrero,
desinformado, malhablado,
s, melancólico, cobarde, viv
e, quejoso, insoportable
nfidente, mentiroso, charla-
re, ilógico, contradictorio,
e sin causa, impresentable,
iable, inconsistente, inflexi-
, vil, falso, nocivo, in
nodino, irrespetuoso,
, infame, degradado,
lable, chupamedias,
procaz.
tado, irreflexivo, impru

"Se trata de una obra abstracta, pura y simple, que nada representa."

Arq. Alberto Prebisch refiriéndose a una obra de su creación, el Obelisco de Buenos Aires, una mole de hormigón de 1.800 toneladas.

El pelotudo provinciano

Otra vez estamos reunidos aquí para celebrar un nuevo día de nuestra patria chica, nuestra querida provincia que, desde la distancia, irradia toda la fuerza que a lo largo del tiempo iluminó toda la nación.

Hagamos oídos sordos de nuestros detractores, que son justamente quienes no alcanzan a comprender que lo mejor de nuestra patria tiene su origen en nuestra amada provincia.

No son ciertas las acusaciones de corrupción que recaen sobre el señor gobernador don Saturnino Montes quien, a través de un decreto ley, convirtió nuestra asociación en embajada permanente aquí, en la Capital Federal, remitiendo las partidas necesarias para las ceremonias que la visita de don Saturnino Montes y su familia ocasiona.

Quienes hablan de que nuestros niños mueren de desnutrición no conocen los múltiples aportes que hicimos al folclore nacional.

Yo pregunto: ¿qué hubiera sido del folclore sin el Indio Chávez, eximio cultor de la quena? ¿Quién hubiera sido la revelación del último Festival del Chasqui, si no hubiéramos aportado la figura de Quitilipi Iglesias? ¿Cómo nos pueden acusar de tener administraciones fraudulentas quienes no han conocido siquiera nuestro invalorable aporte al acervo nacional, a través de nuestros exquisitos platos típicos, reconocidos en todo el mundo? Para ello cito, sin ir más lejos, a doña Carmen del Valle Núñez Acorda, maestra nacional del dulce de tuna, distinguida recientemente por nuestro primer mandatario, mediante decreto ley, con una jubilación vitalicia. Es tanta la confianza que nuestro gobernador dispensa a esta excelsa dama de la cocina nativa, que recientemente le encargó el servicio de lunch para el casamiento de su hija María Eva Saturnino Montes con Facundo Juan Manuel Gálvez Machado, hijo del doctor Gálvez Machado, nuestro ministro de Economía, mediante decreto ley con el acuerdo mayoritario de los legisladores. Son justamente nuestros detractores quienes se oponen en el Congreso de la Nación a aprobar la ley que declara nuestra provincia "Capital Nacional del Choripán" y bloquean la asignación de un subsidio

necesario para desarrollar esta industria, que permitirá la renovación total del parque industrial de parrillas destinado a tan pujante actividad.

¿O acaso no recordamos ya aquellas voces que nos acusaban de tener el más alto índice de enfermos de Chagas? Seguramente, no tomaron en cuenta la ingeniosa salida de nuestros gobernantes, que consiguieron obtener un generoso subsidio para promover el Festival Nacional de Rancho de Paja, con el que casi compramos una ambulancia, si no hubiera sido por los altos honorarios que cobraron los artistas contratados.

Amigos, no importa que haga diez años que no volvemos a nuestra provincia. Sabemos que estará siempre allí... y en nuestro corazón, por supuesto.

Los invito ahora a cantar, a manera de himno, nuestra chacarera *La retardada*, que fue designada por nuestra legislatura con la categoría de "canción patria", mediante la adjudicación a la viuda y a los catorce hijos de su creador de una jubilación vitalicia, reparadora del incalificable olvido que sufrió en vida don Alejo Saturnino Montes, tío de nuestro gobernador. Este acto de estricta justicia fue refrendado mediante un decreto ley que propone, además, entonar las notas del mencionado tema musical en todo acto relacionado con nuestra querida tierra.

El pelotudo burocrático

"La burocracia en los países latinos parece que se ha establecido para vejar al público."

Pío Baroja

No podría escribir sobre este género sin remitirme a mis orígenes de empleado público; de manera que tuve que tomarme el tiempo necesario para rastrear en mis archivos y buscar el expediente que dio origen a mi gestión. Al hacerlo, comprobé que éste carecía del sellado de ley, que en aquel tiempo se exigía para poder comenzar cualquier trámite. Me pareció que era momento de subsanar ese imperdonable olvido, de manera que me levanté a las 5 de la mañana para ganarme un lugar de privilegio en la cola de la repartición encargada del trámite. Al llegar, reconocí a López, viejo empleado de la subsecretaría, que había sido transferido allí como ordenanza; en ese momento, él estaba barriendo la vereda. Mientras le cuidaba sus enseres, le comenté mi caso; él, para actualizarme, me comentó que ahora, al trámite del sellado, se agregaba el de la validación de identidad como paso posterior, y que éste se debía realizar con la presencia de dos testigos en la oficina especialmente habilitada para tal efecto, cuya sede me sería informada en la delegación más próxima a mi domicilio, por una cuestión de jurisdicción. Se hicieron las 7, y abrieron las puertas. Ingresé junto con otros dos ordenanzas y me ubiqué primero en la fila que yo mismo ayudé a armar. Unos quince minutos después, llegó el primer empleado de la sección, que fue el encargado de armar la mesa donde posteriormente se tomarían el desayuno él y sus compañeros de trabajo. Como esa parte del ritual del empleado público la conozco, fui preparado con el aporte de las correspondientes facturas, que sirvieron para inundar de migas las primeras cuatro carpetas de expedientes diseminadas sobre la mesa. El desayuno terminó a las 8.15 aproximadamente. En ese tiempo, compartí con mis eventuales camaradas, aunque mostrador de por medio, una interesante conversación que versó sobre el infausto destino de una tal Gladys, empleada de Mesa de Entradas, que supo ser pareja de Zubiría, de Cómputos, al que había encontrado en pleno romance en el Archivo General, una vez que había perdido un expediente del director.

Comencé comentando mi caso con el empleado de turno, quien me vendió el estampillado de ley y me felicitó por mi honestidad en el cumplimiento de la gestión. En ese momento, se habían juntado detrás de mí aproximadamente setenta o setenta y cinco personas que esperaban resolver sendos problemas. Ya el empleado de seguridad, que también acababa de desayunar, se acercó para poner orden en la cola. De esa manera, quedaron fuera de la puerta unas treinta y cinco o cuarenta personas, que pudieron acomodarse bajo la marquesina de la repartición, para no mojarse con la lluvia, que caía intermitentemente. Me indicaron los pasos a seguir y corroboraron lo afirmado por López, el ordenanza, con respecto a la validación de identidad. Debía dirigirme a la jurisdicción correspondiente a mi domicilio; de manera que, tratando de terminar con todo ese día, me tomé un taxi. Tuve suerte, porque encontré uno en la mismísima puerta, de modo que ni me mojé. Habíamos andado cuatro cuadras, cuando llegamos a la bocacalle que cruzaba una avenida y tuvimos la desgracia de chocar contra una camioneta que pasaba por allí y que, en una irresponsable maniobra, arrancó el guardabarros del taxi. Fue, dentro de todo, una desgracia con suerte, ya que a mitad de cuadra había una comisaría adonde acompañé al infortunado tachero a hacer la denuncia, para lo que me ofrecí como testigo ocasional. Cuando llegamos a presentar el caso y luego de esperar que el oficial sumariante se desocupara de una denuncia anterior, ingresamos en el despacho de éste. Comenzamos con el relato minucioso del choque, pero fuimos interrumpidos abruptamente por el policía, quien nos inquirió que precisáramos en qué costado exacto de la avenida se había producido el accidente, ya que el lado sur donde había ocurrido correspondía a otra seccional que se encontraba exactamente a cuarenta y cinco cuadras de allí.

Como había asumido el compromiso de ser testigo, acompañé al tachero a la otra comisaría. Él necesitaba la denuncia para presentarla ante la compañía de seguros. Ya eran las 10.30, y el tráfico estaba bastante complicado; de manera que, al cabo de unos cuarenta minutos, llegamos a destino. Luego de una espera de cuarenta y cinco minutos, y de ir a buscar por la zona papel romaní y una fotocopiadora para hacer sendas copias de documentos y de la tarjeta verde, realizamos nuestra descripción de los hechos. El oficial le dijo al tachero que debía retirar la copia al otro día y le comentó que tal vez lo citaran en Tribunales. Salimos de la seccional, y grande fue nuestra sorpresa al comprobar que el taxi no estaba en el lugar en que había quedado estacionado. El hombre que atendía el kiosco donde habíamos sacado las fotocopias nos comentó que lo había llevado la grúa y nos indicó adónde debíamos ir a retirarlo. Dentro de todo, otra desgracia con suerte, ya que el lugar quedaba al lado de donde yo debía hacer la validación de identidad. Tomamos un colectivo y nos dirigimos hacia allí. Al cabo de una hora, llegamos a destino. Por mi conocimiento de los distintos trámites, acompañé al corralón a mi nuevo amigo, el tachero, de cuya vida, para entonces, ya conocía bastante. Cuando llegamos, nos enteramos de que su auto aún no había llegado, ya que los obreros municipales se habían declarado en huelga. La preocupación del tachero hizo que el empleado se solidarizara con él; nos sugirió que lo acompañáramos hasta el sindicato para ver adónde estaban realizando la medida de fuerza los compañeros que se habían llevado el auto. Les pedí por favor que me acompañaran a hacer la validación de identidad en la repartición de la par. Me resultaron de suma utilidad, ya que necesitaba dos testigos y logré que confirmaran quién era yo. Acto seguido,

y después de pagar los aranceles correspondientes y de hacer los papeles solicitados, logré el número 25 para que me entregaran la semana entrante lo que había tramitado. Nos dirigimos al sindicato caminando.
Al salir, las bombas de estruendo sonaban a la puerta. Tratamos de sortear a unos manifestantes del sindicato que habían cortado la calle, pero de repente, nos encontramos entre ellos y un grupo de policías, que gentilmente nos invitaron a subir a un celular a nosotros y a un grupo de quince compañeros del empleado del corralón, que estaban haciendo la protesta. En no más de diez minutos, arribamos de nuevo a una comisaría, la tercera seccional que yo visitaba en el mismo día. Formamos una rigurosa cola en la que nos pidieron nuestra documentación y nos pintaron los dedos para tomar nuestras huellas digitales. Luego de atendernos, nos alojaron en una de las habitaciones del edificio. A la hora, ya éramos todos amigos; y tratamos con los otros compañeros de ver cómo recuperábamos el auto. Algunos aprovecharon la presencia del médico auditor del sindicato que también había caído en la redada, para hacerle alguna consulta. El doctor les aclaró que luego necesitarían hacer autorizar la orden y les explicó brevemente el trámite a seguir. Fuimos muy afortunados, porque al rato llegó el secretario general del gremio, que a su vez era la clave para recuperar el taxi. En un fugaz trámite, nos liberaron con la promesa de que al otro día todos y cada uno debíamos volver a firmar la declaración. El secretario, que había llegado en un camión del sindicato, nos subió a todos en la caja trasera del vehículo, donde se encontraban algunos eufóricos muchachos con bombos, quienes amablemente nos invitaron a tomar de sus cajitas de vino. Llegamos finalmente a la sede del sindicato. El secretario general nos invitó a pasar. Allí nos explicó sobre la necesidad de elevar una protesta ante las autoridades por lo que nos había pasado e, incluso, habló de iniciar un proceso judicial.
El abogado del sindicato habló seguidamente y nos explicó los pasos que había que seguir. Obviamente, al ser yo el más experimentado en trámites dentro de aquel grupo, me ofrecí para seguirlos. Puse una sola condición: comenzar al otro día las tareas, ya que por la hora, no nos iban a atender en ningún lado. Volví a casa a eso de las 9 de la noche, me di un baño, cené y puse el reloj para despertarme a las 5 de la mañana.

EL pelotudo ARGENTINO

Indicadores pelotudos

La salud de algún ídolo internado por alguna dolencia

El índice Merval

EL RIESGO PAÍS

El índice de popularidad de un ignoto personaje

EL ÍNDICE DE ACEPTACIÓN DE UN POLÍTICO EN UNA ENCUESTA ENCARGADA POR SÍ MISMO

La cantidad de lluvia caída hasta la hora...

CANTIDAD DE GANADO INGRESADO EN LINIERS.

LA CANTIDAD DE TURISTAS QUE INGRESARON EN "LA FELIZ" EL 1° DE ENERO

El primer alumbramiento del año

La cantidad de casamientos del último martes 13

LA CANTIDAD DE QUEMADOS POR PIROTECNIA DESPUÉS DE NAVIDAD

La sensación térmica
Más pelotuda es aún, si es la de un lugar distante de aquel en que uno está

El pelotudo políticamente correcto

Personaje que adquiere una efímera notoriedad a partir de un hecho que lo pone en el ojo del huracán y que, en virtud de un pronunciado bache de información, lo dispara a la consideración pública posicionándolo de manera tal, que sus puntos de vista serán inobjetables así como su persona. Esto generará movimientos de políticos desacreditados que se pelearán primero por fotografiarse a su lado, expresando su solidaridad con la causa que enarbola y luego, para ofrecerle candidaturas de todo tipo. No faltarán las encuestas de popularidad que lo ubiquen en puestos codiciados por más de un gobernante. Promoverá en algunos casos manifestaciones masivas de adhesión y no faltarán a ningún programa de televisión donde el interlocutor de turno hará loas a su personalidad, que lo ha llevado a sobreponerse a las adversidades y otros valores como su valentía, su compromiso, su entrega, bla, bla, bla.

Sus opiniones, aunque descabelladas, son políticamente correctas. ¿Quién se anima a desafiarlas?

Su ascenso es tan vertiginoso como su descenso. Al poco tiempo, nadie se acordará del pelotudo políticamente correcto ni de su justa causa.

El pelotudo enamorado

Capaz de las audacias más pelotudas, este tipo de pelotudo recurre a estrategias de lo más *kitch* para demostrar su deplorable estado. Jamás escribió un poema y ahora siente que eclipsa a Neruda. Otrora fanático de los Stones, ahora hasta canta esa asquerosa música que a su pareja le gusta y no sólo es su fan número uno, sino que hasta compró todos los cd's de LuisMi. Se amaricona de una manera vergonzosa, mirando cada vidriera de ropa femenina e imaginando cómo le quedaría esa blusa a su amada. Es capaz hasta de cortejar a su suegra. En algunos casos, la lleva al cine. Lo más deprimente es cuando les lleva flores a ambas. Puede llegar a hacer las tareas más ridículas en la casa de ella, desde sacar la basura hasta ser el electricista de turno, esto último, incluso si su profesión es la de médico cirujano.

Se convierte en el chofer de la familia, de ella, claro. Puede poner un pasacalles el día del cumpleaños de su novia o sacar un aviso en el diario donde sólo declare su amor. Existe hasta el que recurre al tatuaje para perpetuar ese momento romántico. Es el cliente de las tarjetas más estrafalarias. Compra peluches y se vuelve un experto en ellos.

Busca excusas para llamar a su amada todo el tiempo. Conoce más la rutina diaria de su pareja que la suya. Acepta ir al gimnasio donde va ella, aunque sea el único hombre de la clase.

Le compra caramelos al hermanito de ella y soporta estoicamente sus crueles cargadas.

Visita a su amor todos los días, cualquiera sea la inclemencia del tiempo.

Antes de conocer a los progenitores de su pareja y de caer en ese terrible estado de pelotudo enamorado, se refería a ellos tratándolos de "viejos de mierda"; ahora es muy cuidadoso al hablar de los padres de su novia.

Cuando pasa a la etapa de fijar fecha de casamiento, se pone baboso y sumamente desagradable. Puede, en una conversación de amigos sobre fútbol, intervenir comentando lo caro que están los manteles.

Cambia su manera de hablar, de caminar, y hasta abandona hábitos saludables.

Desconoce a sus amigos más o menos reos.

Cambia un partido de fútbol por una salida con su novia y con sus amigas.

El pelotudo enamorado es sumamente pegajoso y, a veces, hasta contagioso. ¡Cuidado!

EL **pelotudo** ARGENTINO

El pelotudo optimista

¡Vieja!, mirá lo que dice el diario... Nos van a bajar el sueldo... Eso seguro que hará bajar los precios; mejor ¿no? Y van a poner un nuevo impuesto. Bueno, así el Estado tendrá más recursos para hacer cosas... Yo soy optimista, ya vas a ver, dale tiempo a esto.

¿El auto? Me lo están por embargar, pero mirá, no hay mal que por bien no venga; ¡con lo que me consumía de nafta, seguro, cochera!... No, mirá, ¡que se lo lleven!...

¿El laburo? Dicen que van a reducir personal... ¡Y bueno!, así me quedo con ustedes más tiempo... Al fin y al cabo, ¡paso tan poco tiempo con ustedes!

¿Mi mujer? Dice que se cansó de mí... ¡Y bueh, que se vaya!... Una boca menos para alimentar. Hay que ver el lado positivo de las cosas.

Sigue lloviendo ¿no?

Eso le hace bien a las plantas. Siempre que llovió, paró.

El pelotudo *gym*

Cualquier parecido con un ser humano de este manojo de músculos brillosos es pura coincidencia. Tiene una adicción enfermiza a la excesiva actividad física. El motor de su vida es la gimnasia. Vive por ella y gracias a ella. Su cerebro es un músculo más, tal vez, el más empequeñecido en esta aberrante transformación que ha experimentado. Consumidor de cuanta vitamina y suplemento alimentario aparezca, no importa en qué forma y con qué consecuencias. Debe conservar a cualquier costo su imagen de regordete modelado. Conoce a la perfección los nombres de cada uno de sus inflamados músculos, que exhibe apretados en prendas dos talles más pequeñas. Vive dominado por obsesiones narcisistas. Su personalidad es complicada. A pesar de todo, un prometedor mercado laboral abre sus puertas para este tipo de pelotudo. Usted lo verá de "patovica" delante de la puerta de algún boliche bailable, manejando el porfiado criterio con el cual va a discriminar a otros pelotudos para que puedan ingresar o se queden afuera. También puede convertirse en ese *stripper* que hará las delicias de histéricas dispuestas a comparar esos lustrosos bíceps con el mamarracho enclenque que tienen en casa.

El pelotudo *gym* también se ofrece en versiones femeninas. Esa variedad avergonzará a más de un ejemplar de macho que, parado al lado de una de esas "señoritas", se sentirá más que amedrentado.

El cantante pelotudo pasado de moda

Paco Almácigo es un cantante que, por los años sesenta, hacía suspirar a las mujeres con su seductora y ronca voz. Fue por aquella época cuando participó como protagonista en la película *Y la vida es como es*, título también de uno de sus festejados éxitos. Ahí hacía el papel de un joven rebelde que conseguía triunfar a pesar de una sociedad que se resistía al contenido transgresor de sus canciones. El espectador salía del cine alegremente atontado por sus melodías, que se repetían una a una, casi sin pausa, y francamente convencido de que "la vida es así". Paco Almácigo recorrió todos los estadios que un ídolo de la canción en este país ambiciona. Desde interminables giras por los lugares más recónditos de nuestra geografía donde, según cuentan, no dejaba títere con cabeza (mujer que se le cruzaba caía bajo sus garras), hasta la candidatura a intendente con muy poca suerte en un partido del conurbano bonaerense, pasando por el himno de un opaco club de fútbol del cual fue simpatizante. Hoy Paco ya es un "muchacho" de 68 años (declarados) y una imagen patética que pretende resistir el paso del tiempo. Su pelo está permanentemente acolchado por un fijador que le mantiene un jopo tipo Elvis, y se destacan solamente unas voluminosas patillas blancas, que contrastan con el negro absoluto del resto, mantenido a costa de abundantes tinturas. Su cuerpo, otrora objeto de deseo, se ha deformado. Pero Paco no acusó aún el golpe de los años y viste unas ridículas remeras que marcan muchísimo su prominente abdomen que para nada armoniza con unas piernas tan flacas, que sólo adquieren volumen cuando se calza sus infaltables botas tejanas

de colores chillones.
A pesar de todo, Paco mantiene el calor de su público. El de aquella época, el que lloraba y suspiraba con él, aún lo sigue. Todos los años, para su cumpleaños, se agolpan en la puerta de su residencia en La Matanza a rendir homenaje al ídolo. Le llevan tortas, fotos, revistas de la época y alguna que otra combinación o un corpiño para motivarlo. Paco los recibe siempre a la puerta, con el mismo pijama de raso, que siempre tiene algunos botones desabrochados.

Sus recitales ahora son cada vez más espaciados. Su salud no lo acompaña tanto como cuando hacía cinco shows en una noche. Dicen que detrás de escena, lo aguarda siempre un tubo de oxígeno que le devuelve algo de la vitalidad que pierde entonando y meneándose con sus canciones. Sus fans, señoras de más de sesenta años, aún lo esperan para escucharlo, aunque cada vez son más las que cierran los ojos y se dejan llevar por esa pelotuda nostalgia.

El pelotudo bailantero

Siguiendo con el Ciclo de Transformación Cultural que la Asociación "Amigos de los Chabones Chotos" ha preparado para el presente año, se ha programado una serie de conciertos en donde se pasará revista a un género lleno de alegría y drama, pleno de situaciones de honda reflexión. Estamos hablando de la bailanta que, en su forma más desarrollada, se presenta como una melodía de pequeño formato con movimientos rápidos destinados al baile. Generalmente, el pelotudo bailantero es quien aporta los sofisticados pasos de esta alegre danza, que una nutrida concurrencia sigue sin demasiada disciplina. Además, se agregan a estos procedimientos manifiestos que pueden ir al principio o en medio de la estructura misma en que se detallarán los lugares donde se realizarán los conciertos y una que otra dedicatoria doméstica, como por ejemplo:

"Esto va dedicado a doña Iné, que nos fió la muzzarela y lo'tinto pa' lo muchacho.
¡Aguante, doña Iné'!".

Viernes:

Actuación en vivo del grupo "Delincuentes Juveniles".

El mismo es un conjunto que exalta a través de sus frenéticas melodías las virtudes de los prodigios en las artes del delinquir. En el recital se incluyen demostraciones que se realizan antes, durante y después del mismo y las llevan a cabo tanto asistentes como otros protagonistas especialmente convocados.

Antes se servirán bebidas en envases de cartón y merca de la buena.

Sábado:

Concierto de "Los Pone'T en 4 patas", conjunto que cultiva además de los conocidos estilos populares una muy buena calidad de merca en el fondo de la casa de uno de sus miembros. Este concierto estará dedicado según dichos de sus integrantes "Al Toto que se nos fue por darse de más. Aguante, Toto".

Interpretará los ya famosos temas:

Andacagar: concebido como una fuga, es decir que varias veces se repite la misma melodía a cargo de diversas voces. Este grupo también está experimentado en diferentes tipos de fugas, no precisamente musicales.

Tocánenatocá: Esta escala cromática está salpicada de soeces insinuaciones que despiertan interés en el público.

Domingo:

Se hará una función de gala con la presencia de los siguientes conjuntos especialmente convocados:

Partu S.A.: ritmos tradicionales con un repertorio de melodías tropicales y subtropicales.

2'Baranda: Ritmos clásicos escritos para una voz solista, divididos en estrofas y con un fuerte contenido cantable e inentendible.

Fallop'a: Ponen su énfasis en la línea vocal o bucal y en el fraseo de la orquesta y/o banda (aunque este último término los caracteriza mejor). Componen piezas ligeras en las que se narran diferentes tipos de enredos.

Negroputo: Coro especializado en melodías con reminiscencias eróticas en donde se invita permanentemente al auditorio a repetir un estribillo, generalmente procaz.

Cuando un pelotudo se vuelve solidario

-Mirá, viejo, vení a ver en la tele; en *Crónica* están mostrando al chiquito que se cayó en el pozo; vení a ver...
-Y si vos no me acercás la silla de ruedas, ¡qué voy a ver!
-Mirá, están pidiendo por él.
-Vieja, ¿no es hora de tomar el medicamento?
-Dejá eso para después y vení a ver. ¡Pobreeeeeee!
-Pero, vieja, ¿y el jarabe?
-Mirá, están pidiendo ayuda.
-Vieja, te llaman por teléfono.
-¡Atendé vos!, ¿no ves que estoy ocupada? ¡Pobre criatura!
-Es el Toto.
-Preguntale qué quiere.
-Dice que vos le prometiste que hoy le ibas a pagar una plata... No sé.
-¡Con las preocupaciones que tengo! Decile que llame más tarde. ¡Mirá, están pidiendo agua mineral!... ¿Estará abierto el almacén de Don José?
-¡Ay vieja! ¡Me está agarrando un dolor

aquí!... ¿Me darías vuelta?
-¡Como para darte vuelta estoy!... ¡Mirá a esa pobre criatura, allí, muriéndose!... Esperá que el periodista le está por preguntar algo a la madre.
-¡Pero vieja, por favor!
-¡Callate un poco, querés! ¡Mirá cómo sufre! Si sale de allí, me gustaría llevarle a la mamá alguna cosita. Parece gente humilde.
-¡Ahhhhh!
-¡Callate un poco! Mirá, encima empezó a llover, y eso dificulta el rescate.
-¡Si no sabré que llueve! ¡Me sentaste debajo de la gotera!
-Vos ya no usás esa capa, ¿no? Yo me iría a llevársela a la mamá del nene.
-¡Y a mí que me parta un rayo!
-¡Qué insensible sos!
-¡Otra vez el teléfono! ¿Podés atender?
-A ver, aprovecho que hicieron una pausa. ¿Holaaaaaa? ¿Cómo te va, Silvita? ¿Viste en *Crónica* lo del nene? Tengo ganas de hacer una cadena de oraciones, ¿qué opinás? Como la que hicimos con los inundados de La Matanza.
-Vieja, ¿me das vuelta por favor?

-¿No ves que estoy hablando con Silvita? Aguantá un poco... Creo que el nene se llama Fabián, y la escuelita a la que va necesita de todo, desde tizas hasta alimentos...
-¡Ayyyyyy!
-¿Qué te pasa? ¿No podés esperar? Mirá, ahí muestran de nuevo lo de Fabiancito. ¿Vos por qué llamabas Silvita? ¡Ah!, por lo que me prestaste. ¿Cuánto era? Bueno, ya voy a ver cómo hago. ¡Después te llamo!
-Vieja, ¡me duele mucho aquíiiiii!
-¿Te podés dejar de hinchar? ¡Me voy a ir a ver lo de este pobre Fabiancito en la tele del vecino!
-¡Pero si no nos dan bola desde que no les devolviste la plancha! Por favor, ¿me podés llamar al médico? ¡Me siento muy mal!
-¡¡No seas molesto!! Mirá: están dando el número de una cuenta bancaria para ayudar a la familia. ¿Dónde pusieron las lapiceras? Ahí está, voy a tomar nota. Aunque me gustaría acercarme hasta allí a donar algo y colaborar con la gente del canal.
-Sí, porque si donás en el banco, nadie se va a enterar. ¿Me vas a llamar al doctor?
-Mirá, yo me voy a llegar hasta allí a verlo al Fabiancito este y a llevarle algo a su familia. Seguro que enseguida me ves en la tele. ¿Ahora te hacés el descompuesto? ¡¡¡Qué poco solidario que sos!!! Ese color que tiene tu cara, lo hacés a propósito. Decí algo, decí... ¿Ves que no servís? ¡Ahora te ponés a dormir! ¡Mejor!, así no protestás. ¡Chau, insensible!

La docente pelotuda que alguna vez todos padecimos

"Cualquiera puede ser arruinado por una mala educación, como de hecho sucede a casi toda la gente."

Bertrand Russell

Así como es probable que alguna vez nos hayamos enamorado de una maestra que nos dejó un buen recuerdo, también es cierto que todos hemos sufrido alguna vez a un espécimen que, en casi todos los casos, respondía a características muy similares a las de la señorita María Victoria, docente de raza, de la escuela de mi barrio.

La señorita María Victoria nunca se casó, aunque solía decir que "cada uno de los educandos que pasó tiempo junto a ella fue como un hijo".

Su tarea fue siempre abnegada y, día a día, se encargó de decirlo.

A la señorita María Victoria nunca le adivinamos la edad. Fue siempre coqueta dentro de sus patrones de elegancia. Siempre se la veía con un peinado inflado con espray, maquillaje barato y abundante, y un perfume ordinario y persistente. Su forma de hablar se había alterado a la altura de enfermedad profesional. Incluso cuando las horas de clase terminaban, se la oía en la calle pronunciar las palabras, esforzándose para que se notara cada vocal, cada b larga o v corta; por supuesto, efectuaba una pronunciación exquisita y alargada de la elle, que engalanaba el "casteliano" que ella hablaba y que nos instaba a imitar para ser hombres probos. La única vez que la oímos aterrados renunciar a tan estricto uso de la lengua fue cuando un auto que pisó un charco en la esquina de la escuela salpicó violentamente su inmaculado delantal blanco y alteró sus tablas prolijamente planchadas con abundante almidón. Ése fue el día en que a la señorita María Victoria se le escapó un nítido "¡guacho hijo de puta!", que únicamente oíamos en la escuela en boca del "malevo" Fernández, el reo de sexto "A", que tenía abono en la dirección por mala conducta.

La señorita María Victoria era siempre la elegida en las fiestas patrias para leer los discursos. Su destreza para la oratoria era valorada muy especialmente por la directora. Comenzaba nombrando a todas y a cada una de las autoridades, de cuyos nombres completos nos enterábamos en ese instante; luego mencionaba autoridades del ministerio allí presentes, con rarísimos cargos, y después de nombrar a toda personalidad importante, se dirigía a nosotros, los menos importantes, aunque los más

numerosos. Se destacaba cuando había que cantar el himno y, como la señorita María Victoria estaba cerca del micrófono, su voz aguda y penetrante resonaba en toda la manzana del colegio. Cuando aún hoy escucho el himno en otros lugares, extraño su agudísima voz de pito.

Adoraba la higiene. Nos exigía el pelo corto y aplastado, y siempre ponía de ejemplo al gordito García, cuya madre lo peinaba no sé con qué producto al que agregaba limón. Cuando volvíamos de la clase de gimnasia, la señorita María Victoria echaba un desodorante en el aula, cuya fragancia llegamos a odiar.

Una mezcla de curiosidad y de nostalgia me hizo volver a la escuela. Ya no estaba la señorita María Victoria. Sí reconocí sus gestos en otra maestra que leía un discurso hueco y lleno de lugares comunes y que, dicho sea de paso, tenía exactamente sus mismos modales. La señorita María Victoria no estaba, pero esa función fundamental de la docente pelotuda la ocupaba una fiel sucesora. Una pelotuda sensación de alivio me invadió. Mis hijos también tendrían la oportunidad de padecer a una señorita María Victoria.

El pelotudo celoso

"El que es celoso, no es nunca celoso por lo que ve; con lo que se imagina basta."
Jacinto Benavente

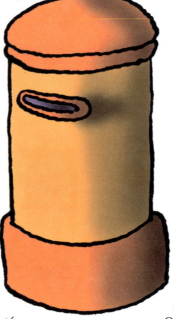

¡Hola!, ¿qué tal? Hoy cuando venía para aquí, pasé por lo de Javier. Me preguntó por la familia, ¡qué raro! Él nunca me pregunta. Luego me sacó el tema de lo que le pasó a Raúl. ¿Sabías que Raúl se fue con una compañera del trabajo y plantó a su familia? El muy hijo de puta ni siquiera avisó. Lo que no entiendo es por qué Javier me comenta esos temas. Después, haciéndose el boludo, me habló de lo zafadas que están algunas minas. ¿No será que...?
Cristina, vos ayer estuviste visitando a tu mamá, ¿no? ¿Y qué cuenta tu vieja...?
¿Nada? ¡Qué raro! Tu vieja siempre dice algo. ¡Para mí que no me querés contar!
Mirá, llegó la cuenta de la tarjeta de crédito...
¿Qué es este gasto tuyo en un lugar llamado "Momento's"...? ¡Ah sí, es mío! Es de la copa que les invité a los muchachos... Pero esperá: éste sí que no es mío. ¿Vos estuviste alguna vez en este lugar que se llama "Pierre"? ¿No es allí, en la Panamericana...? ¡Ah, es el peluquero de nuestras hijas! Y este gasto que hicieron, ¿cuándo fue? ¿El 15? A ver el almanaque. ¡Ahhhh, el sábado 15! ¿Y dónde estaba yo? ¡Qué raro, no?
Teléfono, ya atiendo... ¿Hola...? Sí, ésta es la casa. ¿Qué se le ofrece, señor? ¿Quién es usted...? ¿Por qué me ofrece esa promoción? ¿Alguien de esta casa se la pidió? ¿Que usted habló ya con mi mujer? ¿Cuándo? ¿En qué circunstancias? ¡Espere un minuto!... ¡¡Cristina!! ¿Vos hablaste con un tal señor Narvatta y le pediste una promoción de

celulares? ¡Cómo que no! ¡Si él me dice que sacó tu nombre de un listado del supermercado! ¿Qué vas a hacer vos en el súper: compras o levantes? ¡Pero cómo dejás que te tomen el nombre y encima les das tu teléfono! ¡Esto es un levante! ¡¡Estamos todos locos!!... ¿Que te lo tomó una señorita? ¡¡No me tomés por boludo!! ¡Ya va a ver este hijo de puta!... Escuchame, Narvatta... ¿Hola, hola? ¡Cortó, cortó! ¡Vos me estás cagando! Ahí suena el teléfono otra vez... ¡¡Hola!! ¡Ahhh, hola! No, no, ¡perdoná!; es que creí que era otra persona... ¿Hoy a la noche? Sí, sí puedo; ¿adónde? Eso queda por... ¡Ah sí, ya sé! ¡Y bueno, si el lomo aguanta! ¡Te veo! Chau... Esta noche voy a salir. Pero me parece que voy a tener que cerrar con llave la casa. No se puede confiar en nadie...

El pelotudo viejo o el viejo pelotudo

"Haría cualquier cosa por recuperar la juventud... excepto hacer ejercicio, madrugar o ser un miembro útil de la comunidad."

Oscar Wilde

El viejo pelotudo o pelotudo viejo encuentra una razón de ser a su existencia: joder.

Él lo sabe todo.

Al igual que a los chicos o a los locos, se le sigue la corriente.

Siempre hay que hacerle caso. El pelotudo viejo es un tirano en su hogar.

Con el tema de que "el abuelo se va a enfermar si se baña", el viejo pelotudo es bastante sucio.

Eterno nostálgico del pasado.

Expositor de largas y aburridísimas conferencias acerca de temas intrascendentes. Siempre interviene en charlas sin ser invitado.

Tiene un humor absolutamente pelotudo y repite los chistes tantas veces, que su familia debe seguir clases de teatro para poder reírse de los remates.

Suele hacer travesuras que ponen en vilo a toda su familia, lo que es, a todas luces, también una pelotudez.

Si un médico le receta remedios, él decide formas y dosis que nunca coinciden con lo prescrito.

Le encanta la oratoria: proclamar con aires heroicos discursos interminables y tediosos.

Suele dormirse en público, lo cual les da un respiro a sus familiares por unos minutos, ya que se evitan varios papelones. Esto dura hasta que empiezan a moverlo para ver si está vivo. Luego, él se levanta de mal humor y putea a medio mundo.

Suele acopiar cosas inútiles que ya no se sabe dónde guardar.

Si uno lo lleva en un auto, es él quien putea a los otros autos, lo que hace que uno deba después defenderlo. Como es "inimputable", nadie lo toca, aunque uno deba sacar la cara.

Es avaro, aunque no entienda jamás el signo monetario vigente.

Todo el día critica a los familiares que lo toleran y genera discordias permanentes entre éstos.

Especialista en meter la pata.

No hay nadie más inteligente sobre la tierra que su nieto.

Necio y sordo. Nunca intente explicarle algo a un viejo pelotudo. Terminará usted escuchando sus pelotudeces.

El pelotudo futbolero

Se lo puede reconocer con solo oírlo. Esta clase de pelotudo tiene idioma propio. Con él inunda programas de radio y de TV. Si el pelotudo futbolero es un protagonista del juego —jugador— hablará de él en tercera persona y, al escuchar su exposición, uno pensará que está hablando de varias personas:
"No creo que si a Miraflotta le piden que arregle con el clú, él se niegue"...
"Hoy vimo' a un Miraflotta que generó espacio de gol"...
"Miraflotta nunca desperdicia oportunidade', de manera que ese gol"...
Todo esto parecería casi normal, si no fuera porque quien lo dice es Miraflotta.
Otro personaje de este universo de pelotudos es el fanático de un club. Éste es un grupo formado por especies de diferentes grados de peligrosidad, según se trate de un fan normal o de un fanático en grado avanzado, conocido como "barra brava".
Sin embargo, y siempre refiriéndonos a la forma de reconocer estos pelotudos por medio de su lenguaje, notamos que se expresan siempre en primera persona del plural: "Le ganamo', lo tenemo' de hijo, lo tenemo'"...
Aunque el pelotudo fan sea un obeso de 200 kilos, se dirigirá a sus ocasionales escuchas como si él hubiera jugado el partido. Siempre se expresará en un tono triunfalista. Diferente será su modo de actuar si su equipo pierde. En ese caso, tratará de ensayar alguna teoría estrafalaria sobre la realidad, para desviar la atención del provocador de turno.
El pelotudo futbolero carece de vergüenza. No la conoce. Puede acudir a una reunión de ejecutivos de la empresa a la que pertenece luciendo la camiseta de su club, si es que éste ganó el día anterior.

El fútbol domina su vida. Puede pagar cifras ridículamente altas para ver al equipo de sus amores, y negarle una suma significativamente inferior a un hijo para que se compre un artículo de primera necesidad.

El pelotudo futbolero de la subespecie "barra brava" tiene todas las características de un pelotudo futbolero, pero con el agregado de su peligrosidad y su violencia.

Se escuda en la multitud para llevar a cabo sus más deplorables actos, y todo lo que se interponga entre sus primitivos impulsos y su objetivo será considerado integrante del equipo rival y, por lo tanto, estará sujeto a su destrucción total.

El turista pelotudo

Se lo puede distinguir a kilómetros de distancia. Esta especie de pelotudo estival suele disfrazarse, porque piensa que así pasará inadvertido, mimetizándose con el medio al cual fue a caer; y, sin embargo, provocará exactamente el efecto contrario.

Por ejemplo, si este pelotudo viaja al norte argentino, cree indispensable disfrazarse de colla y echando mano de cuanta prenda étnica apta para confundirse con el medio. Para

eso, recurrirá a artesanos que le venderán algunas con un estilo más parecido al de la India que al del Altiplano.

Si emprende un viaje más al norte aún, digamos al gran país del norte, su apariencia, entonces, tomará ribetes escandalosamente ridículos. En ese caso, variará su lenguaje, renegará de su origen, despreciará todo lo que se parezca al lugar que lo vio nacer, criarse, alimentarse y defecar. Se podrán oír expresiones como: "¡Mirá qué bien, qué honestos que son, te dan el vuelto!... No como allá"...

"¡Mirá este baaaaaaaaño! ¡Qué limpio! ¡Si aquí cagan de otra forma!".

Ni qué decir de un pelotudo argentino en Suiza. Cree haber vivido allí desde siempre, sólo se alimenta de chocolates y hasta pretende ser honesto.

Al segundo día en otro lugar, trata de olvidar completamente de dónde viene. Esa situación se diluye el día que vuelve y se encuentra con sus congéneres en el aeropuerto. Allí vuelve a retomar sus despreciables hábitos y entra en una despiadada competencia por difundir las mejores ventajas a las que accedió, tratando de narrar de qué forma cagó a un gringo desprevenido. Luego empieza la pelea por ubicar sus desproporcionadas compras en los lugares no destinados para ello en la nave que tendrá la ingrata tarea de traerlo de retorno.

El pelotudo que te atiende

(Dedicado a mozos, empleados y todo aquel que te hace pasar gratuitamente un mal rato.)

-¡Mozooo!... ¡Mozoooooo!
-Sí, ya lo va a atender el mozo que le toca.
-¿Quién me toca?
-No sabría decirle; yo sólo atiendo las mesas de aquella punta.
-Y entonces, ¿por qué está parado aquí?
-Para ver mejor, señor.
-¿A ver? Será este otro: ¡Mozooooo!
-Sí, ya va.
-Bueno, parece que éste sí es...
-¡Mozooooo!
-Sí, voy. ¿Usted va a cenar?
-¿A las seis de la tarde?
-Bueno, ayer vinieron unos gringos, y ¿vio que allá es diferente, no?
-¿Yo tengo cara de gringo? ¿Tiene una carta?
-Me parece que sí... espéreme.
El mozo se pierde por interminables quince minutos y reaparece como si nada.
-¿El señor va a cenar?
-¡Hace un rato le dije que noooo! ¿Me consiguió la carta?
-Yo le puedo decir qué puede pedir...
-Pero ¿tienen o no una carta?
-Sí, ya le traigo; ¿quiere ir pidiendo la bebida?
-Después de ver la carta, por favor...
-Aquí tiene. Lea tranquilo, yo ya le tomo el pedido.
-No, espere, ya...
El mozo se vuelve a perder y aparece al cabo de otros diez minutos.
-¿El señor va a ordenar?
-Sí; ¿podría ser un tostado y una gaseosa?
-¿Está en la carta que le dejé?... Porque no cocinamos platos que no estén allí...
-Aquí dice "tostado y gaseosas"; supongo que venden con todas esas propagandas que tienen.
-No crea todo lo que ve... Voy a ver si sale.
El mozo vuelve a perderse, esta vez, por quince minutos.

-Mozo, ¿y lo que le pedí?
-Ya marcha. ¿Qué era lo suyo? ¡A sí!, un café con leche, ¿no?
-¡NO! Un tostado y una gaseosa.
-Lo que pasa es que hoy tenemos poca gente en la cocina. Ya lo apuro.
 El mozo aparece a los cinco minutos con un café con leche.
-Al fin pude sacarlo.
-¿Qué es esto? ¡¡Yo pedí un tostado y una gaseosa!!
-Es que tenemos problemas en la cocina. Ya se lo cambio.
A los diez minutos, aparece nuevamente.
-Señor, ¿usted sigue pensando en no cenar?
-¡¿Quéeeee?!
-Sí, es que, como le expliqué... hay problemas en la cocina. Pero la gente que prepara la cena está desocupada, y yo pensé... ¡Señor, señor! ¡¡Eh, qué carácter!! ¡¡La gente está cada vez más loca!!

El pelotudo gourmet

Para ser un pelotudo gourmet, usted deberá manejar un lenguaje exquisito y rebuscado. Puede estar cocinando el plato más elemental, pero, con un poco de "sofisticación", puede llegar a convertirlo en algo refinado.

Por ejemplo, si usted va a cocinar unas vulgares milanesas con papas fritas, deberá empezar haciendo algunas consideraciones sobre las bondades de la carne que está a punto de utilizar, con recomendaciones obvias o directamente inservibles acerca de la vida y costumbres del extinto vacuno.

Luego, deberá hacer gala de los originales "juguetes" (a veces, muy poco prácticos, pero que impresionan) con los cuales va a "salpimentar" la preparación o, tal vez, pelará la papa. En ese punto, es muy probable que las cantidades que el gourmet aplica maten de un pico de presión al inadvertido comensal. Luego, como para demostrar que él es un *bon vivant*, beberá de una incómoda copa del tamaño de un florero un sorbo de un vino que presentará como adecuado para acompañar la preparación. El vino puede ser el más ordinario, pero los gestos y la ceremonia harán pensar que estamos en presencia de un ritual de reyes. Ese procedimiento enológico/gastronómico se denominará, en la jerga, "maridaje".

Aquí el gourmet hará una pausa para explicar algunos maridajes alternativos, cuya lógica usted casi ni entenderá pero que, con ánimo de no pasar por pelotudo en algún ámbito gourmet, respetará al pie de la letra. Acto seguido, continuará con la preparación de marras, explicando que la carne debe "apenas sellarse" (procedimiento sumamente primitivo de no cocer los alimentos, pero que, en el ritual gourmet, es casi obligatorio).

A esta altura, usted cree que lo que se está preparando es un manjar y ya está segregando algunos equivocados jugos gástricos; hasta se ha dejado influir por ciertos calificativos que el gourmet pelotudo dio a la preparación, como "sutil", "arrebatado", "de carácter" u otros poco adecuados para definir un plato pero que, evidentemente, quedan muy bien.

Llegó el momento de "emplatar" la preparación. Para ello, será útil procurar algunos ingredientes de buen color y dudoso sabor, como una vinagreta de tomate y dulce de leche que, presentada en un atractivo plato de formato poco convencional y de un raro color, hará pensar que se está ante un verdadero manjar.

Con la excusa de que todo entra por los ojos, usted se encontrará ante un vistoso aunque asqueroso plato.

¡Buen provecho!

El pelotudo opinólogo

"El ignorante si calla, será tenido por erudito y pasará por sabio si no abre los labios."
Salomón

Siempre dispuesto a contestar las preguntas de los periodistas, el pelotudo opinólogo ocupará la mayor cantidad de horas que pueda en todo programa de radio o de TV que se lo pida. El interlocutor aceptará sus apreciaciones y tratará de hacer sofisticadas e inconducentes interpretaciones sobre estas, aunque en realidad no entienda bien de qué carajo habla. Tampoco sabemos si el opinólogo sabe lo que dice, pero, ¡qué bien lo dice! Hoy opina sobre economía, mañana, sobre política internacional y pasado, sobre fútbol. Él es experto en todo. Al opinólogo no se le debe pedir coherencia, ¿para qué? Si la moda es hablar mal del gobierno, él lo hará mejor que nadie, aunque haya recomendado votarlo dos meses antes. Si la selección de fútbol está en una mala racha, será seguramente porque no se hizo lo que él instó a hacer. Si el dólar se dispara, nunca sabremos cómo ni cuándo, pero él ya lo había anticipado, y todos fuimos unos pelotudos porque no lo escuchamos. Antes de una elección, es consultado para analizar encuestas truchas, que a veces señalan como ganador a un candidato sin posibilidades. Cuando el resultado electoral es el esperado, el opinólogo explica por qué se revirtió la tendencia y deslinda responsabilidades magistralmente. Toda su teoría está siempre acompañada por un exagerado movimiento de manos y gestos cuidadosamente estudiados. Este opinólogo es fundamentalmente mediático, y eso lo hace reproducirse por miles; de esa manera, usted podrá escuchar las descabelladas opiniones de dicho señor, en boca de cuanto pelotudo aprendiz de opinólogo haya en infinidad de mesas de café.

Un consejo: no intente dudar de la teoría expuesta por el pelotudo opinólogo, porque, en ese momento, a quien harán sentir un pelotudo es a usted.

El pelotudo indiferente

"La vida es muy peligrosa. No por las personas que hacen el mal, sino por las que se sientan a ver lo que pasa."

Albert Einstein

Yo, argentino

La célebre frase "yo, argentino" está incorporada ya en el habla de la gente. Se usa para que el pelotudo indiferente deslinde todo tipo de responsabilidad o compromiso en circunstancias de diversa índole.
Su lamentable origen se remonta a los días de la semana trágica del año 1919.
Justamente fue allí cuando nuestros "cabezas rapadas vernáculos" a quienes podían reconocerse entre los pitucos o cajetillas de la ciudad, cometieron en los barrios judíos de Buenos Aires todo tipo de barbaridades que podrían haber provocado unos años después la envidia de cualquier nazi de la Alemania de Hitler. Cuando un transeúnte cuya figura encajaba dentro de lo que el patotero antisemita consideraba un judío, se lo sometía a salvajes agresiones que sólo terminaban levantando los brazos y manifestando: YO ARGENTINO, con la cual no solo se declaraba exento del castigo por ser diferente, sino que también manifestaba su pelotuda imparcialidad ante un hecho denigrante.

Yo, dinamarqués

Durante mucho tiempo, ha circulado la historia del Rey Cristian X de Dinamarca, monarca durante la ocupación nazi en 1940. El soberano acostumbraba pasear en su caballo todas las tardes por las calles de Copenhague, y esta costumbre no la perdió a pesar de haber caído su país bajo la ocupación alemana que, entre otros objetivos, perseguía la deportación de judíos dinamarqueses a los campos de exterminio. Dicen que el día en que los nazis obligaron a los judíos de aquel país a portar en su pecho una estrella de David que los diferenciase, el Rey también se puso una, con lo cual contagió el gesto al resto de la población que inmediatamente lo imitó. Hay quienes atribuyen a esta noble actitud del monarca escandinavo el bajo índice de deportación de judíos que tuvo Dinamarca.

Un tango pelotudo

Vos sabés o te han contao
que pa' esto soy muy derecho;
tengo los huevos bien puestos
y por eso hablan de mí.
yo no nací papa frita;
gil a cuadros me fui haciendo;
gil al trote, gil de cuarta
"otario", dice un ortiba;
"cándido", "crédulo" o simplón
chamuya la gente fina;
"pánfilo", dice un malevo;
"bobo", "tonto" o "melón".
apunta sin distinción
un compadrito mal hecho
y un bacán que por despecho
me trata con indulgencia
me ha dicho que soy pesao
y eso me da pavura

será por mis bolivianas
o hablarán de mi figura
el caso es que sin distinción
cada vez que a este quía
un pebete lo va a nombrar
no regatea los adjetivos
"salame", "lelo" o "boludo"
lo cierto es que pa'tirar
uno ha ido juntando fuerzas
no vaya uno a protestar
ni aparentar ser canchero
prefiero que en el arrabal
me llamen "el pelotudo"
y comerme esa desdicha
con fuerza y con distinción
prefiero ser chancho rengo
cuando la vida lo pida
que bribón o caradura
para toda la función.

El pelotudo ilustrado

"Todos somos muy ignorantes. Lo que ocurre es que no todos ignoramos las mismas cosas."
Albert Einstein

Este monstruo se ha ido formando (o mejor dicho, deformando) desde niño. Sus padres apostaron por él instruyéndolo en la erudición más absurda e inútil, y él no piensa defraudarlos. Repetir de memoria las capitales de unos cincuenta países a los cinco años puede a veces resultar simpático; pero imponer silencio en una reunión social para que el nene explique la teoría de la relatividad será la pelotudez que producirá en él la necesidad de ser siempre el centro de la escena. El deslumbramiento que causarán algunas de sus lúcidas afirmaciones, en un primer momento, significarán loas y felicitaciones, y luego lo catapultarán a un estilo de conversación y de vida que lo hará diferente del resto de los que compartan sus horas. El paso de niño genio a pelotudo es casi inmediato, ya que para los pelotudos que nunca lo entenderán o tratarán de hacerlo, será eso: un pelotudo insoportable.

Este pelotudo irá creciendo con la tensión de tener que ser diferente y superior. En la necesidad de mostrar siempre el criterio acertado, la frase que todo lo aclara o la anécdota ejemplarizadora. Es necesario que su vida sea también un ejemplo, aunque un sicoanalista armaría un catalogo de síntomas con su personalidad reprimida.

Aunque en muchos ámbitos gozará de su condición de "mejor de la clase", muchas veces padecerá la repulsa de quienes, ante su antipático sentimiento de superioridad, lo redujeron a la categoría de pelotudo. Con el ánimo de evitarlo buscará ámbitos eruditos en donde pueda competir de igual a igual, y otros no tanto, pero que no haya frecuentado y donde pueda lucirse.

En la etapa adulta, puede convertirse en lo que para el pelotudo medio argentino es "un pensador", condición que todo lo define y que llega a la categoría de profesión. Entonces podrá conseguir lo que en otras etapas de su vida no pudo: públicos estupefactos, admiradores que, pese a que no comprenden nada de lo que dice, lo siguen, anotan sus dichos, aunque no los descifren nunca. Esta modalidad no lo abandonará nunca. En su vejez, dirá las cosas más absurdas, que indefectiblemente serán tomadas como genialidades y, desde su última morada, dejará grabada en una lápida alguna que otra pelotudez, que nunca nadie descifrará, pero que puede ser motivo de polémicas o ridículas interpretaciones de parte de otros pelotudos que sigan su camino.

El progre pelotudo

"Hay comunistas que sostienen que ser anticomunista es ser fascista. Esto es tan incomprensible como decir que no ser católico es ser mormón."

Jorge Luis Borges

Al progre pelotudo lo ha influido la sociedad de consumo a la que él combate, como el que más. Consume símbolos y elementos que, con categoría de fetiche, forjan su personalidad.

Así, su aspecto ha ido variando con los años. No es lo mismo describir a un pelotudo de izquierda de los 70 que a un progre pelotudo del siglo XXI (caída del muro mediante). El vestuario de este tipo de pelotudo deberá incluir alguna *t-shirt* con la imagen del "Che" y unos borceguíes que hagan pensar que los usó en Sierra Maestra, aunque nunca haya pasado de Sierra de los Padres. Su buena vista no debería ser nunca un obstáculo para que use lentes (eso da un *touch* intelectual), y, aunque jamás lea nada de nada, eso no lo privará de entrar en una librería y exclamar a los gritos: "¡¡Qué bueno es esto!!". Debe alternar también con alguna que otra vestimenta étnica, que servirá para expresar así su compromiso y solidaridad con aquel pueblo oprimido del que solo conoce lo *fashion* que son sus prendas.

Su militancia activa a favor de los derechos humanos no ha sido nunca un obstáculo para que, además, se declare ferviente defensor de algunos regímenes de los más sangrientos del planeta. Sus fervores ideológicos se contaminarán de diferentes modas.

Manifiesta ser antifascista, pero muchas veces actúa como fascista.

Reniega de un sistema cuyas contradicciones le dan la excusa para hacer uso de sus comodidades.

Es un "librepensador" que piensa lo que a veces otros le dicen que piense.

Cuando alcance determinado status o nivel social, olvidará su pasado revolucionario o lo minimizará aduciendo "pecados de juventud"; y, de esa manera, el joven progre, con el paso de los años, y si la vida le sonríe, terminará convirtiéndose seguramente en un *yuppie* con un pasado que ocultar.

El pelotudo facho

"Un fanático es alguien que no puede cambiar de opinión y no quiere cambiar de tema."
Winston Churchill

Lamentablemente, nuestro país ha gestado un nutrido abanico de pelotudos fachos. Están los que adulan sin límites a los EE.UU., a sus gobernantes (cualquiera sea, al tiempo que hacen un verdadero esfuerzo para pronunciar en perfecto inglés su apellido) y a sus habitantes, a quienes llaman "los americanos", como si el resto de los que viven en América fueran asiáticos. Se dicen liberales para justificar su enfermiza obsesión por el liberalismo económico, aunque siempre son poco afectos de otro tipo de liberalismo. También hay otro grupo de fachos: los que admiran los regímenes dictatoriales más sangrientos de la Historia y procuran trasladarlos aquí. Suelen hablar de la "patria" en términos excluyentes. Quienes no piensan como ellos son "apátridas" o no son patriotas como él. Son xenófobos y racistas como el que más. El auténtico "ser nacional" pasa por una rara estirpe criolla a la que solo ellos pertenecen; y el resto integra categorías inferiores que ni siquiera merecen su consideración.

Se los encuentra, junto con otros como ellos, en pequeños partidos políticos con poquísima posibilidad electoral; en clubes sociales para gente como ellos e, incluso, en más de un cuartel, donde en otras épocas les daban la posibilidad de tener una atractiva salida laboral.

Les encanta opinar sobre las confabulaciones internacionales de los "dueños del poder", que han elegido a la Argentina como base de operaciones o "laboratorio de ensayo de un plan para adueñarse del mundo".

Admiradores de la Santa Inquisición y de los tiranos más violentos de la Historia, a veces parecen vivir en tiempos pasados, tratando de quedar congelados allí; eso se nota en sus hogares, decorados a la usanza colonial, y en el estilo de vida, acorde con dichas épocas. La democracia les da escozor, aunque la invocarán cuando necesiten hacer conocer sus delirantes puntos de vista; pertenecen a una de las faunas más dañinas que pueblan nuestro país y que últimamente han ido mutando con el fin de conservar los lugares que perdieron. Ahora aparecen agazapados tras la excusa de la inseguridad, que les viene como anillo al dedo, con la que quieren ganar algún espacio que, de otra manera, no podrían conseguir jamás.

El pelotudo marketinero

-Grupo de Marketing Estratégico y Comunicaciones de Mercado; habla María Mercedes. ¿En qué podemos ayudarlo?
-Señorita, habla Ortiz, el plomero; yo fui ayer a hacer un arreglo en el baño del licenciado...
-El licenciado no lo puede atender: está en una presentación.
-No, si yo no quiero hablar con el licenciado. Yo hablaba para cobrar...
-¿Usted ya presentó un informe?
-¿Informe de qué?
-Todo pago se libera a partir de un informe que sistemas debe chequear. De allí se eleva al sector estratégico, que hace un análisis comparativo. Esto sigue el correspondiente circuito fijado por la American Society of Marketing en el último *workshop* de Filadelfia.
-¿Qué hay que comparar, señorita? El licenciado me llamó porque tenía trancado el inodoro.
-El inodoro lo instaló para una prueba de producto la gente de Water & Co., cuya cuenta atendemos. Recuerdo que elegimos ese artefacto luego de una exhaustiva investigación de mercado que arrojó resultados muy interesantes. Por ejemplo, ¿sabía usted que un 95% del segmento ABC 1 no tiene hábitos de apretar el botón después de usar el servicio sanitario, y que hay un interesantísimo nicho de mercado entre los habitantes de Villa Ortúzar que manifestó interés en que a los conocidos pozos ciegos se les agregara un arco atrás para practicar tiros penales?
-Señorita, yo sólo sé que el licenciado no podía entrar al baño, porque el hedor era tremendo...
-Justamente, tengo un *brief* del licenciado preparado para esta empresa, que manifiesta que, a determinados índices de alimentación, se presentan fenómenos como el que usted describe y que originan en los usuarios de determinados segmentos necesidades de desodorantes de ambientes en cápsulas. Esto da idea de un nicho no cubierto, por lo que elaboramos un informe que será discutido en la presentación de mañana a Tufoalmar S.A.
-Señorita, ¿usted usó el baño del estudio hoy por la mañana?
-Usted debe de estar tratando de sacarme información confidencial sobre el estudio que preparamos para el Laboratorio Tronex, fabricantes de los laxantes Kgo Plus. Esa información es absolutamente confidencial, y no se la daré... . por favor, no insista.
-Señorita, yo solo quiero cobrar, ¿entiende? ¡Cobraaaarrrr!
-¿Usted tiene alguna relación con Aprietes S.R.L., la empresa de cobranzas que atiende nuestro grupo estratégico y que, gracias a la tarea de nuestros *coaching* motivacionales, han elevado significativamente la *performance* de sus agentes?
-Señorita, ¿me daría el teléfono de Aprietes S.R.L.?
-Sí, cómo no; hubiéramos empezado por ahí... ¡Es increíble cómo el marketing simplifica la vida de la gente! El marketing es co-mu-ni-ca-ción, ¿entiende?

El pelotudo que emigra

El mismo pelotudo, cuando vuelve

En este país ya no se puede vivir.	El tema del terrorismo es serio allá.
Aquí no hay trabajo para un arquitecto, ¿qué querés, que maneje un taxi? ¡Yo me voy!	¿Sabés de qué trabajaba allá? ¡De mozo! ¡Yo soy arquitecto!
No soporto no tener intimidad. Aquí todos te marcan.	No te da bola nadie. Sos siempre un desconocido.
El tango es una música decadente.	Esa vez que escuché "La Cumparsita" me puse a llorar.
Detesto el fútbol.	Menos mal que podía ver los goles de Boca en un ciber.
Soy vegetariano.	Aquí está la mejor carne del mundo.
Las minas aquí son todas histéricas.	No hay minas como en la Argentina.
Aquí la corrupción nos está matando... Coima para todo.	¡Están locos! Me hicieron una multa por cruzar mal la calle. ¡Son enfermos!
Si este gana las elecciones, yo me voy...	No sabés lo que es el que tienen allá...

*"Porque me duele si me quedo,
pero me muero si me voy,
por todo y a pesar de todo, mi amor,
yo quiero vivir en vos."*

"Serenata para la tierra de uno"
Maria Elena Walsh

Cuando el pelotudo decide hacer una fiesta

Celebración del *kitch*. Exposición abierta de las facetas más vergonzantes. Ver a un pelotudo de fiesta sirve para conocerlo como nunca se había mostrado antes.

Esta es apenas una enumeración de diez alternativas por las que este pelotudo pasa antes y durante una fiesta, que puede ser un casamiento o un cumpleaños de quince. Debemos aclarar que, como detrás de cada hombre hay una gran mujer, en este caso en particular, la intervención de la pelotuda cónyuge es crucial y es la que anima y/o entrega al pelotudo para que realice alguna de estas barbaridades.

El pelotudo en fiestas

1) Durante los preparativos, se siente un magnate. De manera que imagina una fiesta que jamás podría pagar.

2) Discute y pelea por detalles absolutamente pelotudos, como los botones para el vestido de la hija o el *souvenir* para repartir.

3) Se endeuda de una manera delirante.

4) Invierte en vinos y champañas que nunca toma, para convidar a comensales a quienes quiere hacer creer que es su bebida habitual. Eso lo hará pasearse comentando: "Está rico el Chanton blu, ¿no? Esta partida me gusta más que la que llegó el mes pasado".

5) Se vestirá con ropas incómodas que no sabe usar. Eso lo pagará caro, y al rato se notará ya que, en la primera media hora, comenzará un *strip-tease* que lo terminará exhibiendo tal como se lo ve en la intimidad de su hogar, o sea, en camiseta.

6) Hará alardes de su mal gusto, decorando el salón con un exceso de elementos, que servirán para que las señoras gordas invitadas a la fiesta, cual aves de rapiña, se retiren con esos trofeos de caza, que servirán posteriormente para decorar sus hogares.

7) Demostrará su mal gusto musical y sus desagradables conocimientos de extrañas coreografías, con las cuales obligará a los pobres invitados a incurrir en situaciones tales como el trencito -solo tolerable cuando adelante nos toca una señorita bien dotada- o alguna variante del Antón Pirulero. Esto se agrava sobremanera cuando en la fiesta se escucha la música de alguna danza foránea, y el anfitrión quiere hacer gala de bailar como Anthony Quinn en *Zorba el griego* o de su destreza con la tarantela.

8) A determinada hora, como si su sola imagen no fuera ya patética, y para "animar más la reunión", distribuirá el cotillón de raros elementos entre los

que encontraremos zanahorias de plástico, sombreros exóticos y algunos consoladores mal logrados, que la fábrica decidió destinar a ese fin, en vez de descartarlos. Eso hará que el anfitrión nos parezca francamente irreconocible, sobre todo, si tenemos en cuenta que a esa hora, el alcohol ya empezó a hacer algún efecto.

9) Su mujer lucirá prendas que no condicen ni con su edad ni con su peso. Teñirá su pelo y, lo peor de todo: se sentirá sexy.

10) Al terminar la fiesta, ya sin la limusina que contrató para que lo trajera, se podrá ver a ese pelotudo, a avanzadas horas de la noche, con un pedazo de torta en una mano y un centro de mesa maltrecho en la otra, tratando de parar un taxi que lo devuelva a su hogar, donde volverá a enfrentar la dura realidad de todos los días, agravada por una más: pagar la fiesta.

Capítulo aparte merece el invitado a estas fiestas, otra clase de pelotudo, que comparte muchas de las situaciones aquí descriptas y otras muy particulares, como coimear al mozo que atiende su mesa, de manera de obtener doble ración del pollo "a la Kiev".

EL **pelotudo** ARGENTINO

Conductas pelotudas

Hacer la vista gorda

Opinar de cualquier cosa aunque no se sepa

Pegar el chicle en los asientos del cine

LLEGAR TARDE

Cambiar de posición política permanentemente

Manejar mal

Creerse vivo

Perder el tiempo

VOLVERSE VIOLENTOS

Echarle la culpa a otro

PROMETERLO PARA MAÑANA Y NO CUMPLIR

AMAR Y ODIAR A NOTORIOS PERSONAJES CON LA MISMA FACILIDAD

Criticar

CREERSE SUPERIORES

Avergonzarse del país

ROBAR COSAS DE HOTELES Y DE AVIONES

Aceptar opiniones sobre los argentinos dichas por foráneos como ciertas o acertadas

Creerse el centro del universo

Decir "estoy a mil", para explicar que se está muy ocupado, y en realidad, se está al pedo

Creerse inferiores

atarlo con alambre

Hacerle perder el tiempo al prójimo

Contaminar, ensuciar, etc.

sin fundamentos

El pelotudo en la Internet

Esta no es una cadena convencional. Todos saben que odio esta metodología. Ocurre que este mail me llegó, y me pareció que debía retransmitirlo. Por favor, hagan ustedes lo mismo.
El mensaje es este:

Estamos siendo víctimas de una vil estafa a cargo de la compañía abastecedora de alimentos balanceados. Hemos podido comprobar que las bolsas de cinco kilos del popular alimento "Granito", que consumen nuestras mascotas contienen en realidad cuatro kilos, trescientos cincuenta gramos. También descubrimos que esa empresa es propiedad del mismo grupo que maneja la compañía de luz en varias provincias y tiene acciones en una compañía de teléfonos. A su vez, esta corporación multinacional maneja los espurios negocios de las telecomunicaciones, entre los que se encuentra la Internet. Descubrimos también vinculaciones a nivel internacional, que son ramificaciones del gobierno de los EE.UU., a través de su Departamento de Estado. Casualmente, el secretario de Estado norteamericano es uno de los más importantes accionistas de una de las empresas asociadas a esta corporación. Hemos decidido no ser más cómplices de esta oprobiosa situación, que no solo hace peligrar el bienestar de nuestras mascotas, sino que también aporta un factor más de dependencia a los miles que ya acumulamos.

Por eso, hemos decidido que el próximo miércoles no nos conectaremos a la red en todo el día, como una manera de demostrar cuántos somos y qué poder tenemos. Eso hará tambalear sus negocios en la Internet, y seguramente, producirá una baja en sus títulos y valores. Después de dos o tres veces que esta pacífica protesta plena de principios de independencia económica surta efecto, notaremos que hemos conseguido hacer valer nuestros derechos. Por cada mail de estos que se retransmita, además, esa compañía prometió, como una justa reparación, una donación de 0,50 centavos de dólar para la niñita Agustina Janette Aguilar Juárez, de Carmen de Patagones, que padece de hemorroides virósicas endémicas y que, con lo aquí recaudado, podrá operarse en una clínica que también es propiedad de la Corporación, en Cleveland, EE.UU.

El tachero pelotudo

-¿Está libre?
-¿Adónde va?
-Pero ¿está libre o no?
-Y, depende, porque a mí el turno me termina enseguida. Si es muy lejos, no estoy libre.
-Bueno, voy por la avenida hasta el 4300.
-¡Bueh, suba!... ¿por dónde quiere que vaya?
-¡Pero si le dije que voy por esta avenida hasta el 4300! Estamos al 1200. Lo único que debe hacer es seguir derecho...
-¡Bueno, no se ponga así!; yo pensaba que usted conocía un atajo... Recién subió un pasajero al que no le gustó la ruta que elegí. ¿Qué quiere que le diga? Así anda este país. Están todos locos. ¿Adónde vamos a parar? ¡También, con este gobierno de mierda!... Al paredón deberíamos mandarlos a todos... al paredón... ¿Sabe cómo andaríamos aquí de bien si tuviéramos un Hitler, un Mussolini?... Hoy empecé a las ocho, ¡y me tocó cada uno! ¡No sabe!... Una mujer subió con unos pibes que se peleaban, y al final, terminaron cagándome el auto justo ahí, donde usted va sentado; ya se secó ¿no?
Después, subió una minita llorando, que la había dejado el novio. Resulta que el novio era flor de hijo de puta... Yo no sé, si fuera mi hija o mi hermana, voy, lo busco a ese chabón y lo reviento. ¡Mirá si yo voy a dejarla así!... ¡Miralo a ese hijo de mil puta que se me cruza!... ¡¡¡CARNERO, NO ME TIRÉS EL AUTO!!!
¿A qué altura me dijo que iba?
-Al 4300.
-¡Como para acordarme estoy!... ¡Con lo que me pasa a mí!... ¿No piensa preguntarme qué me pasa?
-Y... yo lo escucharía, pero ya estamos llegando. ¿Cuánto le debo?
-¿No ve lo que marca el reloj o piensa que lo voy a currar? ¡¡La gente está cada día peor!!
-¿Y cuánto marca el reloj?
-¡Uy! ¡Me olvidé de que están arreglándolo!...

Cómo hacerse el pelotudo
(radiografía de una coima)

El inspector coimero llegará al lugar donde debe hacer la verificación en cuestión y se identificará con las credenciales correspondientes. Eso lo habilitará para empezar el trámite. Acto seguido, y como si se tratara de una plegaria, enumerará el listado de documentación para presentar. Del total solicitado, siempre hay un pequeño porcentaje imposible de cumplir por el inspeccionado o de dudosa certeza de que esté dentro de sus facultades. Entre la posibilidad del inspeccionado de hacerse también el pelotudo por esa cuestión (que ni se la esperaba) y la del inspector, que sabe que está pidiendo una pelotudez incuestionable, empieza la revisión de la documentación. El inspector mirará sin ver nada de lo que se le muestra; esperará agazapado el momento de la petición insólita. Al cabo de unos tensos minutos, y cuando el inspeccionado cree haber concluido exitosamente el trámite, comienza la actuación:

-Todo muy bien... Ahora, ¿me enseñaría, por favor, el Registro Único de Actividades Dudosas que prevé la Resolución General?
Allí también comienza otra patética actuación del inspeccionado:
-¡Silvita!, el señor pide el Registro Único de Actividades Dudosas. ¿Le podés decir al contador que te lo traiga?
Silvita conoce esa clave "pedile al Contador" y empieza a actuar, haciéndose también la pelotuda.
-Pero señor, el contador está de viaje hasta la semana que viene.
El inspector sabe que está siendo objeto de una maniobra dilatoria que puede poner en peligro su claro objetivo y, entonces, decide atacar:
-Bueno, no hay problema entonces; le hago un acta, y usted hace el descargo. Ahora, si no encuentra el registro, el trámite lo puede hacer en la Dirección, donde deberá presentar un plano del local hecho por un arquitecto, más fotocopias de los "libre deuda" de todas las reparticiones que...
-¡¡Eh, espere!! ¿Cuánto me va a salir eso?
Ahí el inspeccionado se pone en evidencia, y el inspector no pierde el tiempo:
-Vea: a un local de aquí a la vuelta que inspeccionamos hace quince días, le salió unos mil pesos más lo que pagó por el acta y los accesorios... (esto ya da un marco de referencia del precio del favor).
A partir de aquí, lo que sigue puede consultarse en manuales de negociación. Como la mayoría de estos textos han sido escritos por autores norteamericanos, y esta gestión tiene connotaciones muy latinoamericanas, deberá agregarse alguna dosis de realismo mágico a la manera en que esto puede resolverse. Así el final, que es abierto, puede construirse de infinidad de formas.

El pelotudo policía

"La sociedad es un manicomio, cuyos guardianes son los funcionarios de policía."
            Johann August Strindberg

A las 23.45 de anoche y en circunstancias en que concluíamos nuestra visita de rutina con personal del móvil 526 a la Pizzería "Nicola", oportunidad en que requisamos dos especiales, una faina y una gaseosa grande para la correspondiente inspección, fui interceptado por un ciudadano de sexo femenino de aproximadamente veinticinco años y de un metro setenta y cinco centímetros de altura, cutis trigueño, cabello rubio, medidas no convencionales, pechos abultados y glúteos contorneados. Inmediatamente, requerí verbalmente su identificación, pudiendo averiguar que dicha ciudadana, que respondía al nombre de "Jacqueline", me estaba haciendo una serie de sospechosas propuestas, cuyos detalles solicité en el mismo momento, para analizar si las mismas constituían algún tipo de contravención a las previstas en el código. Cabe consignar que los continuos acercamientos de la mencionada ciudadana produjeron en mí una respuesta que se manifestó sobre mi anatomía, lo que produjo un desacomodamiento importante del uniforme reglamentario y una pérdida inmediata de mi capacidad de resistencia.
La situación se tornó sumamente crítica e insostenible, cuando el acercamiento lo tuvo esta ciudadana hacia mi bajo vientre, a lo que contesté con un inmediato palpado de armas. Grande fue mi sorpresa al comprobar que la ciudadana en cuestión guardaba entre sus extremidades inferiores un dudoso instrumento, que difícilmente podría resultar un arma, por la forma que adquiría al palparla. Acto seguido, y tomando todos los recaudos necesarios, comprobé, una vez recuperado de una ligera indisposición,

producto del shock producido por la novedad, que la tal ciudadana "Jacqueline" se llamaba en realidad Ramón Ángel Fuentes, de nacionalidad argentina, mayor de edad, y que estaba cometiendo toda suerte de contravenciones policiales en la vía pública, por lo que procedí a su detención, previo paso por un local de nombre "Ero's", especialmente habilitado para la inspección de este tipo de hechos, donde además pude recuperarme de la indisposición mencionada y meditar sobre cómo caratular la causa. Cabe destacar la buena disposición del propietario del mencionado establecimiento, quien nos cedió gentilmente la habitación conocida con el nombre de "Venus" y nos acercó bebidas y elementos para el efectivo procedimiento.

EL **pelotudo** ARGENTINO

Del catálogo de pelotudos con un micrófono en la boca

El pelotudo apocalíptico

"Leemos con particular inquietud las noticias que dan cuenta de un aumento en el precio del crudo. No podemos dejar pasar este suceso que desequilibra los indicadores de la economía toda. Es para estar más que alerta. Situaciones menos problemáticas hicieron peligrar en otras oportunidades economías mucho más estables. En momentos de crisis, esta noticia llega para agregar un factor más a los ya frecuentes indicios de una situación en franca declinación. Expertos de todo el mundo coinciden en que esto puede desencadenar un efecto dominó que arrastre el precio de otros insumos. En los últimos días, esto ya se ha empezado a manifestar y ha concitado la atención de organismos que encendieron una luz roja de alerta. ¿Seguirá el crudo su alocada carrera afectando todo lo que toque, o podremos detenerlo a tiempo?

(Declaraciones exclusivas de don José Gálvez, dirigente del Centro Único de Almaceneros, en relación con el último aumento del jamón crudo).

El pelotudo que transmite partidos de fútbol (versión poética)

Espectacular día en este colosal estadio. El astro rey se despliega ostentoso para permitir el lucimiento generoso de estas geniales escuadras, entre cuyas filas se encuentran las figuras más representativas del equipo goleador del último campeonato. Las tribunas recibirán a su majestad, el público, quien en enfervorizada manifestación de fe futbolera reclamará un espectáculo digno, a través de obscenos cánticos expresados con feroces ritmos primitivos. Ya se están ubicando algunos notables representantes de lo que se ha dado en llamar, tal vez erróneamente, "barra brava", por la fiereza con que defienden sus posiciones ante las arbitrariedades de quien se erige justamente en árbitro de lo que dentro de algunos minutos será una incontrolable situación. Los bravos muchachos están desplegando sus elementos de combate y algunos instrumentos de percusión. Hace su entrada al Monumental, ante la silbatina generalizada, la guardia de infantería de la Policía, con sofisticado armamento destinado a proporcionar un espectáculo más sabroso en esta tarde, en la que, tal vez, el fútbol se constituya en un mero detalle...

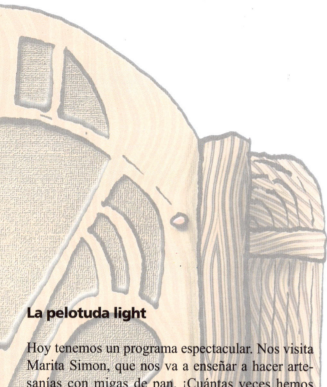

La pelotuda light

Hoy tenemos un programa espectacular. Nos visita Marita Simon, que nos va a enseñar a hacer artesanías con migas de pan. ¡Cuántas veces hemos sufrido al levantar la mesa y al ver las migas que allí quedaban! ¡¡Eso se acabó, chicas!! Luego el doctor Arterman nos va a contar si es verdad que el plátano engorda y cuáles son los secretitos para que las golosas no lo abandonemos, y para que, de paso, no se note. ¿Sabían que Analía Pachamé tomó un café con un famosísimo galán, dos días después de hacerse las lolas? Nuestra especialista en farándula nos trae todos los chimentos, para que usted esté informada. Por último, nuestra nota central: ¿Qué hacer cuando el marido llega a casa? Lo que para unas es una tragedia podría convertirse en una diversión. Hemos preparado miles de consejitos...

El pelotudo que se mimetiza con el entrevistado

–Estoy al habla con Madrid. Adelante, Paco de la Buenaventura. Aquí, desde Buenos Aires, Argentina, te llamo, porque es importante para nosotros conocer cómo un pensador como vos nos ve a los argentinos...
–Pues, la verdad es que cada vez que os veo, trato de cuidarme...
(En ese momento, el interlocutor argentino empieza a transformarse en español y toma distancia de lo que significa ser argentino.)
–Pues, Paco, yo diría que a la luz de los últimos acontecimientos, tu podrías aclarar ese concepto (esto, dicho con marcadísima tonada española). Recuerdo lo dicho alguna vez por Felipe González, en aquella ocasión en La Moncloa...
–Perdón, ¿con qué Paco habéis pedido hablar?
–Pues, hombre (aquí hablando como el más español de todos), ¿no hablo con Paco de la Buenaventura, filósofo de la Universidad Complutense?
–Soy Paco de la Buenaventura, fontanero y a mucha honra....
–Supongo, hombre, que llamarás "fontanero" a tu trabajo de profundo pensador, tal vez por recurrir a las fuentes. Realmente interesante...
–Fontanero aquí les llamamos a los que desatrancan cañerías, coño...
(Abrupto corte de la comunicación y tanda comercial...)

El pelotudo confundido al micrófono

–Estamos en diálogo con el profesor Alejo Almaraz, a quien consultamos sobre el efecto que tendrá el aumento producido en los combustibles dentro del índice de marzo... Profesor, ¡buen día! ¿Qué nos puede decir acerca de este nuevo ingrediente que puede poner en peligro los alicaídos bolsillos argentinos?
–Bueno, en realidad, acabo de levantarme y no he leído aún los diarios...
–Para ponerlo en tema, le comento que las petroleras anunciaron que ajustarán los precios, y todos sabemos lo que eso significa, habida cuenta de la expectativa inflacionaria que generará...
–La verdad es que mal podría informarle, ya que es un tema nuevo para mí.
–Usted escribió hace pocos días un artículo en el que comparaba el aumento de insumos clave de la economía con la baja del nivel de vida, lo que me hizo recordar lo que en su momento afirmó el ministro sobre lo peligroso que era transitar por un camino tan espinoso...
–Perdón, mi artículo era sobre el aumento de hectáreas cultivadas con soja. Le recuerdo que soy ingeniero agrónomo y que lo escribí en el suplemento rural. Las cuestiones de combustible y su manejo son extrañas para mí.
–Muchas gracias, profesor, volveremos a consultarlo en cualquier momento. Fue el profesor Alejo Almaraz, quien echó luz sobre este tema que va a modificar la vida de los argentinos...

El pelotudo de FM berreta

Te recordamos nuestras vías de comunicación a nuestros fonos, donde nos podrás mandar saluditos, así como lo hizo Giselle, que le recuerda a Silvio que la camisa rayada lo hace más viejo y no le hace juego con el quincho. Tenemos otro de Victoria, en que nos pide el tema de Facundo Javier "Te hice de goma", dedicado a su amado novio Pancho, con el que rompió ayer: ¡Bien, Victoria! Dejanos después tu fono para que te llamen los pibes... Te recordamos que podés llamarnos y salir al aire. La consigna de hoy es: ¿Cómo te gusta más? ¡Ya están los fonos al rojo vivo!... Aquí, Alejandro nos dice: "a mí, de dorapa". ¡Grande, Alejandro! Nancy nos llama y nos dice: "a mí me gusta Paul Anka". ¿Eso es un pedido musical o una preferencia sexual? Nancy, ¡comunicate con nosotros urgente! ¡Plisssss!... mientras le pido a nuestro operador que nos ponga el ensamblado de Jenny Forts.

El médico pelotudo

"La investigación ha progresado tantísimo, que prácticamente no queda nadie sano."
Aldous Huxley

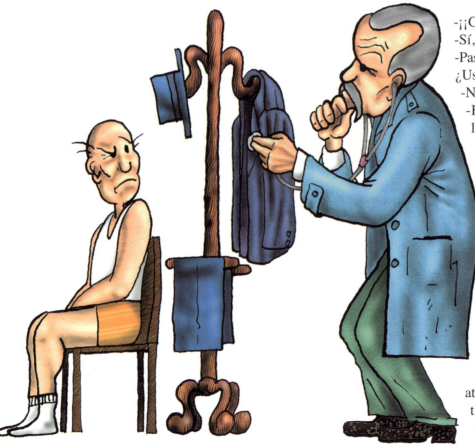

-¡¡Galíndez!!
-Sí, soy yo.
-Pase, caballero... ¿A ver?... ¿Usted tenía ficha aquí?
-No. Es la primera vez.
-Bueno, a ver, vamos a llenar una fichita... Nombre, edad, obra social...
-Carmelo Galíndez, cincuenta y dos años; soy de la obra social de empleados sanitarios.
-Pero no debería ser así... No, ¡esto está mal!
-¿Qué está mal, doctor? ¡Si todavía no me vio!
-Que los miércoles no atiendo a empleados sanitarios ¿No le informó Mabel, mi secretaria?

-Sí, me lo dijo; y por eso, como tengo un dolor muy fuerte aquí...
-¡¡No, no me cuente aún!! Todavía no lo ingresé.
-No, le decía que por eso pagué como particular.
-¡Ahhhhhhh! ¡Particular! ¡Dónde me dijo que le estaba doliendo? A ver, ¡cuénteme!
-Bueno, me está doliendo aquí, el estómago, desde ayer a la mañana.
-¿Qué estuvo comiendo, amigo?
-Bueno, ayer comí una cazuela a la vasca con un poquito de salsa.
-¿Y cómo la prepara usted?
-¿Qué?
-Sí, la cazuela... ¿la hace con hierbas o le pone tal vez alguna otra cosita?... Yo, por ejemplo, en el curso de gourmet al que nos invitó el Laboratorio Morgan, la he preparado con hierbas.
-La verdad es que no cocino yo... era el plato del día en una fonda que hay cerca del trabajo.
-Bueno, vamos a ver... tenemos que descartar varias cosas. ¿Cómo está de la digestión?
-Muy pesado, doctor.
-Mire, vamos a hacer las cosas bien. Se va a hacer una resonancia magnética, que la hacemos aquí en el Instituto; pídale un turno a Mabel. Después, quisiera ver cómo está el grueso, así que vamos a hacer una radiografía de colon por enema. Dígale también a Mabel que le arregle el turno; y además me gustaría ver una ecografía... ¿Algún análisis se hizo últimamente?
-Tengo estos del mes pasado.
-La verdad, yo sólo confío en los que hace mi gente. Dígale a Mabel que le arregle un turno para que se haga unos análisis con el doctor Carrizo Montes.
-Pero, doctor, ¿qué hago con el dolor mientras tanto? ¡Estos estudios me van a llevar por lo menos una semana!
-El dolor es lo que nos indica que algo pasa. Si yo le saco el dolor, me quedo sin síntoma. Sin síntoma, no puedo diagnosticar. Así es la Medicina, amigo. Se va a tener que aguantar un poco el dolor, hasta que tenga en mis manos todo el panorama. Lo espero la semana que viene. Tenga en cuenta que yo me voy a un congreso en Punta del Este y sólo estaré el miércoles, que es el día que no atendemos su obra social... Pídale un turno a Mabel... ¡Adiós!

El marido pelotudo

"Es más fácil quedar bien como amante que como marido; porque es más fácil ser oportuno e ingenioso de vez en cuando que todos los días."

Honoré de Balzac

El marido pelotudo es el que siempre desconfía de su mujer y ha reducido a la pobre compañera de sus desgracias, poco menos que a un insecto. El marido pelotudo acompaña a su mujer de compras, para que no la tomen por pelotuda; y la controla, la HIPERCONTROLA. Cuando la mujer pregunta algo, él reacciona desde atrás y pide que le repitan, por las dudas que la infradotada que lo acompaña no entienda. La pobre infeliz, cuando sale de compras sola, lo hace en un estado de absoluto terror, por el feroz interrogatorio del que será objeto a su regreso al hogar; y solo decidirá una compra si le recontrajuran que puede cambiar o devolver el artículo adquirido.

Ella no tiene ni tendrá jamás poder de decisión ni de opinión.

En una reunión social, ella deberá guardar silencio y soportar el relato de hazañas de él, de toda índole; y cuando él tenga que hacer referencia a ella, lo hará en tono paternal: "¡Pobre!... A Margarita la estafaron... Yo le dije, pero ¡viste cómo son las mujeres!, ¿no?".

Él necesita sentirse un *winner*, y para eso, le hace falta tener al lado a una pelotuda.

La esposa pelotuda

"Las mujeres han sido hechas para ser amadas, no para ser comprendidas."

Oscar Wilde

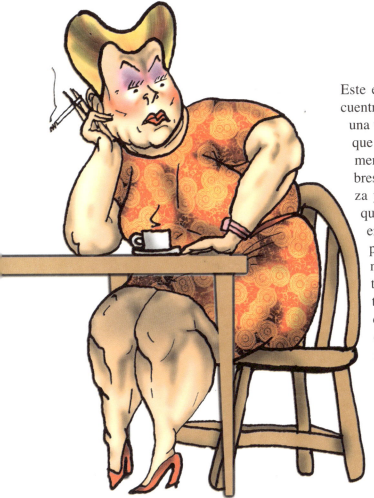

Este es un ser creado en la frustración, que encuentra su realización en las tareas domésticas. Es una versión moderna de la Cenicienta. Los temas que exceden sus funciones le resultan absolutamente complejos y pasan a ser "cosas de hombres". Encuentra placer en el polvo... de limpieza y discute con sus amigas por la pichincha que hizo al destinar una mañana a ir a un súper en la otra punta de la ciudad, donde el jabón para lavar la ropa estaba a algunos centavos menos. Vive preocupada por absolutamente todas las pelotudeces que reinan en el planeta. Como necesita llenar los espacios huecos de su vida -que son muchos-, se inscribe en cuanto curso pelotudo sale por ahí, de manera que un día aprende pátinas y aplica la técnica hasta en el inodoro; y otro día, puede estar inscripta en un seminario de cocina mexicana, por lo que su familia se la pasará durante esos días probando sus experimentos culinarios. ¡Cuidado!, no se le ocurra hacer mala cara o decir que no le gustó. Su llanto es intolerable.

El militar pelotudo

"Inteligencia militar son dos términos contradictorios."

Groucho Marx

Gastón ingresó en una institución militar apenas comenzó su adolescencia, allá por el año 1970. Sus padres pusieron en él todas sus expectativas. Fieles representantes de la clase media argentina, tocaron todas las influencias posibles y hasta llegaron a llamar al tío Rafael, con el que nunca se hablaban, para "aceitar" el ingreso de Gastón sin traba alguna; el mencionado tío era un coronel que había accedido a importantes cargos en el gobierno. El día en que le anunciaron a Gastón que había sido aceptado, lo festejaron con una fiesta familiar en la que la mamá comentaba orgullosa que, con mucho dolor, se separaba de su "cachorro", pero que lo prefería así antes que verlo en la calle con tanto peligro que había. Incluso en un momento, su papá propuso un brindis por el futuro "presodente de la nación argentina", situación que fue muy celebrada por los asistentes. Los años pasaron, y Gastón fue aprendiendo muchas cosas. Lo instruyeron, por ejemplo, en el uso de las armas, en una resistencia "física" que solo puedan soportar los que son verdaderos hombres; y en el plano intelectual, le enseñaron a reconocer, poco a poco, a quienes iban a ser sus enemigos. Lecturas meticulosamente escogidas por sus maestros hicieron el aporte de una pasión que por momentos se confundiría con el odio. Cuando, en 1976, Gastón egresó, el país era otro. Tuvo entonces la convicción de que debía aportar su "granito de arena". Había demasiado enemigo suelto, y él había sido formado para aniquilarlo. Salía a la calle y los reconocía por todos lados. Leía los diarios desconfiado y, además, desconfiaba de todos. Le ofrecieron seguir en la institución, y no lo dudó un instante. Sabía lo útil que sería. Sus padres comprobaron el cambio que había experimentado Gastón, cuando en una fiesta familiar, discutió acaloradamente con Aníbal, un primo de su edad al que, por haber decidido estudiar sicología, llamó "subversivo y apátrida", y se explayó sobre los peligros que se cernían sobre la Argentina; llegó incluso a decirles a sus padres que no mandaran más a su hermana a clases de teatro, donde la deformaban. En esos años, Gastón tuvo un ascenso increíble en la fuerza. Estaba prácticamente todo el tiempo en disponibilidad, y sus padres sabían que hacía "algo importante", pero no entendían muy bien qué era el grupo de tareas al que decía pertenecer. Disponía de un Ford Falcon con el que visitaba a su familia de vez en cuando y al que les prohibía acercarse, desde que su cuñado había notado que tenía armas en su interior y unas extrañas manchas en el tapizado. Escuchaba todo con mucha atención y desconfiaba de manera permanente.

Así pasó el tiempo, con un Gastón cada vez más hermético. Sólo rompía su silencio con algún comentario sobre la forma en que se debía vencer a los chilenos, porque nos querían robar el Canal de Beagle y luego, la Patagonia. Se apasionaba ilustrando a su familia sobre las conspiraciones internacionales que tendían a lograr ese cometido, siempre con citas de los textos que daban cuenta de diferentes hipótesis acerca del conflicto. Nunca se lo vio tan eufórico como en aquel abril de 1982. "¡Por fin, una guerra en serio!", decía. Para ese entonces, Gastón había ascendido muchísimo, aunque lamentaba que su cargo para coordinar las donaciones a los soldados que estaban en las islas le impidiera llegar al teatro de operaciones. Por su parte, sus padres festejaban alborozados el crecimiento de Gastón. "¿Viste que valía la pena?", comentaba su mamá con su papá, y renegaba de los chismes maliciosos de las vecinas, que atribuían la lujosa casa de Gastón en Palermo al hecho de habérsela sacado a una familia que había tenido que emigrar. No tardó mucho en caerse esa fantasía. Un año después, Gastón fue separado de su cargo. Se lo oía renegar con el nuevo gobierno de "zurdos". Lo peor fue verlo en una lista elaborada por la CONADEP, en la que atribuían a Gastón hechos aberrantes. Gastón aún se sentía un patriota. Algunos que lo reconocían por la calle lo insultaban. Gastón no tenía trabajo y se reunía con sus ex camaradas, con quienes compartía su infortunio y tramaba diferentes cursos de acción para su vida. De vez en cuando, debía asistir a tribunales a dar cuenta de diferentes etapas conflictivas de su vida. Gastón estaba formado para otra cosa, y los enemigos a los que creía haber derrotado estaban surgiendo nuevamente. En su soledad, se probaba el uniforme verde oliva que ya le quedaba chico, se miraba en el espejo y se sentía un pelotudo. Lo peor es que la gente, incluso sus amigos más íntimos, no podían verlo nada más que como un hijo de puta. Gastón terminó sus días acribillado a balazos, cuando junto con antiguos compañeros de armas, con los que vivía una realidad parecida, intentó asaltar un banco. Todavía en su cuarto, en la casa de sus padres, quedan algunos libros con los que estudiaba la doctrina de la seguridad nacional, libros que su madre mira con una pelotuda resignación.

La pelotuda secretaria al teléfono

Para ser una pelotuda secretaria al teléfono se necesita solamente:
*una neurona y media.
*una oreja.
*una voz que diga:
-¿Por qué asunto era?
-¿Usted tenía cita?
-El señor está en reunión.
-No lo puedo molestar ahora.
-¿Usted me podría adelantar algo?
-¿Me puede dejar su teléfono?
-¿De dónde me dijo que llamaba?
-El señor me pidió que no le pasara llamadas
-Este no es el interno. Llame de nuevo y pregunte a la operadora.
-Discúlpeme. Llame más tarde.
-No sabría decirle.

Si todo eso es muy difícil, bastará con decir "no" a todo, con lo cual la secretaria habrá cumplido con su razón de ser.

En cuanto a usted, como víctima pelotuda de una secretaria de estas al teléfono, si alguna vez se le ocurrió que podría superar la valla haciéndose amigo de este ser, mediante un diálogo amable al teléfono sobre temas que le importan un pomo, pierde el tiempo. Tarde o temprano, ella se sentirá cortejada y empezará con el histeriqueo, poniendo filtros para ella misma y usando, obviamente, las excusas que usa su jefe. O sea, si eso fuera un juego, usted habría descendido diez casilleros y perdido al menos dos turnos.

El pelotudo que te viene a "arreglar" algo

"La última voz audible antes de la explosión del mundo será la de un experto que diga: es técnicamente imposible."

Peter Ustinov

-¿Señor Sánchez?
-Sí, señora.
-Lo hablo por la computadora que le dejé la semana pasada para que me la arreglara.
-¡Ah, sí!, la estuve viendo.
-¿Y ya sabe lo que tiene?
-Usted, señora, ¿tiene el CD de instalación?
-Me lo instaló usted, ¿no recuerda?
-Ah, porque me da la impresión de que el rígido tiene algún problema.
-Usted me dijo otra cosa cuando la vio.
-¿Recuerda qué le dije?
-Que no estaba configurado el modem, y que debía probarla.
-¡Qué raro!, porque el modem está bien. ¿Usted navega mucho? Parece un virus.
-¡Pero si usted le puso el antivirus y me dijo que no estaba infectada!
-Sí, pero todos los días sale un virus nuevo. Los otros días, en una oficina donde veo las máquinas, entró uno con unas fotos que ningún muchacho quería eliminar y que terminó con las memorias. Tuvieron que tirarlas a todas... ¿A usted no le llegó algo así?
-Vea, Sánchez, el último virus que me agarró fue el del sarampión cuando tenía cuatro años...
-Sí, yo también tuve... pero a mí me agarró de grande.
-Bueno, ¿y mi computadora?
-Dejemé que pruebe una semana más... Se ha puesto caprichosa, y no descubro aún por qué...

(Este es un diálogo que puede repetirse indefinidamente, hasta que uno decida juntar fuerzas y mandar a la mierda al técnico y tirar la computadora.)

El ídolo pelotudo

Se lo promocionará a los cuatro vientos como un ejemplo para la juventud. Las parejas soñarán con tener un niño para ponerle su nombre, y miles de ellas lo lograrán. Como en la novela *"Los niños del Brasil"*, sus seguidores tratarán de reproducirlo por miles. Sus imágenes poblarán paredes junto a otras devociones tal vez un poco más cargadas de espiritualidad. Al ídolo, la masa le consentirá absolutamente todo. Desde sus iracundas, poco meditadas y contradictorias declaraciones, sus peligrosas adicciones, un papelón al incursionar en el mundo de la música, hasta la patética imagen de su acelerado ocaso. El ídolo no tomará nota de eso y, cada vez, dará una vuelta más a esta alocada y decadente carrera hacia la nada. La prensa, mientras tanto, reflexionará acerca de la fortaleza del ídolo para soportar esos embates.

Si el ídolo es internado por una sobredosis de estupefacientes, eso se constituirá en un valioso ejemplo para nuestra juventud. "El ídolo se ha sacrificado en aras de mostrarnos hacia donde puede llevarnos la droga".

Incautos admiradores querrán acercarse a demostrarle su devoción, y si el ídolo, en un gesto magnánimo, accede a guiñarles un ojo, todos elogiarán su humildad y su costado humano.

A lo largo de su vida, este pelotudo amasará una importante fortuna, y entre él y los buitres que lo rodean, la dilapidará con mucho esmero, olvidándose de reservar unas míseras monedas para ayudar a sus viejos vecinos de la villa donde nació y creció.

Siniestros personajes lo frecuentarán a lo largo de su vida, y el ídolo realizará con cada uno de estos un prolijo aunque nefasto aprendizaje. El ídolo es canchero, piola; lo que dice o contradice es inobjetable. Se transforma en la voz del pueblo; ¿quién se anima a descalificarlo?

El ídolo es un pelotudo que consiguió embaucar a una masa de pelotudos dispuestos a seguirlo sólo hasta su temprano ocaso, cuando sea nada más que un recuerdo pelotudo o una triste estampita colgada en el espejo de un nostálgico colectivero.

El pendejo pelotudo

"Jamás ha habido un niño tan adorable, que la madre no quiera poner a dormir."
Ralph Waldo Emerson

–¡Qué lindo neeeeeeeene! Esta frase, que usted exclama al subir a un micro de larga distancia, en referencia al simpático compañerito de fila que le tocó en suerte, lo convierte en un sensible ser humano. A nadie le importa aquí que usted esté viajando a ese remoto lugar precisamente para descansar del mundo...

–¿Me permite pasar? –dirá la mamá del nene, que, con múltiples bolsos para atender las necesidades en el viaje, se vuelca sobre su espacio y su anatomía (los de usted).

–¡Cómo no, señora! –dirá usted, todavía gentil y amable.

–¿Cómo te llamás? –le preguntará usted al niñito, y él le responderá sacándole la lengua y pegándole el primer chirlo de los ciento cincuenta que recibirá en las próximas quince horas que durará el periplo.

–¡No, Tomás! –replicará su mamá en el único acto tendiente a poner límites a la criatura.

Como para olvidarse de todo y no darle mayor importancia, usted sacará el libro que pensaba leer en el viaje pero que, en el mismo instante de ponerlo usted sobre su regazo, será alcanzado por las manitos acarameladas del infante para convertirlo en un asqueroso acordeón.

Su incipiente fastidio empezará a crecer, y la mamá del párvulo no piensa, de ningún modo, decirle nada (al niño). Es más, para ella, usted es la causa de que Tomasito este poniéndose irritable. Es decir, se hará la pelotuda. Como para descomprimir la situación, usted se levantará para ir al baño y, a su retorno, descubrirá que el nene yace dormido en su asiento (el de usted). ¿Será tan hijo de puta como para despertarlo? Optará por viajar parado unos cuarenta y cinco minutos, hasta que el pequeño se levante despabilado y eufórico, momento en el que usted decide dormir, a pesar de que la mamá del nene quiere distraerlo cantando a dúo bellísimas melodías infantiles que desafinarán juntos con particular esmero.

En ese momento, Tomasito toma confianza y arremete contra usted, cuya sonrisa forzada no convence a nadie. El viaje se completará con la hora de la comida y, obviamente, la digestión, que Tomasito se encargará de convidar, en todas sus variantes, a todas y cada una de las partes de su indumentaria. Tomasito y su mamá llegarán a destino más o menos decentes. Es más, su mamá les contará a quienes los reciben en la Terminal lo bien que se portó Tomasito. Su mecanismo para hacerse los pelotudos, fastidiando al prójimo, fue exitoso, y usted será el pelotudo que los soportó estoicamente.

Excusas pelotudas

- Se nos cayó el sistema.
- El señor está en reunión.
- Estamos de inventario.
- El expediente se perdió.
- No estoy autorizado.
- El pago no se autorizó para esta semana.
- Lo siento. Lo tendremos en cuenta en la próxima oportunidad.
- Si por mí fuera... pero yo soy empleado, ¿vio?
- ¿Usted hizo la cola?
- Ese precio es solo para tres pasajes por vuelo, y ya se vendieron...
- Esa promoción no es válida para esta región.
- No figura en el vademécum.
- Por obra social recién tenemos turno para dentro de cuarenta y cinco días.

- No es para mí... es para los muchachos... Ellos trabajan así.
- No trabajo, porque me tomé un año sabático.
- Déjeme su teléfono, que nosotros lo llamamos.
- No hay posibilidades técnicas.
- No es una cuestión de nosotros.
- No tenemos cupo.
- Está en la letra chica, ¿no lo leyó?
- Disculpe, no estoy autorizado, hable con un supervisor.
- No lo puedo atender hasta que llene este formulario.
- Hoy no vino el empleado que lo puede atender.
- Ya está cerrada la caja.

La pelotuda fashion

"Después de todo, ¿qué es la moda? Desde el punto de vista artístico, una forma de fealdad tan intolerable, que nos vemos obligados a cambiarla cada seis meses."

Oscar Wilde

Rita accedió a las pasarelas por primera vez a los seis años, cuando su mamá la llevó a un *casting* para un desfile de ropa infantil. Preocupada por el futuro de la nena, no escatimó clases de protocolo y de ceremonial; gimnasia de todo tipo y alguno que otro cursito de estilo, que pudiera apuntalar su ya promisorio futuro. Su primera visita a un dietista la hizo a los doce años, al regreso de unas vacaciones en Mar de Ajó, donde había engordado quinientos gramos; "para prevenir desbordes", se sometió a una rigurosa dieta. A los catorce, su mamá consideró que ya estaba lista para entrar en el apasionante mundo de la moda y movió cielo y tierra con el fin de conseguir una cita con Tino Galluop, de una conocida agencia de modelos. Luego de súplicas y promesas, le entregó la nena a Tino, para que la llevara a Punta del Este; para que Tino aceptara, sacrificó las vacaciones de toda la familia y le entregó los ahorros para pagar los gastos de Rita. Ese año, Rita dejó el colegio y entró por una ventana en el mundo soñado.

La primera nota en una revista fue por un supuesto romance con un galán en decadencia con el que había bailado en la fiesta anual de Tino Galluop. La mamá exhibió orgullosa la revista por el barrio durante días. El esguince de tobillo de una modelo top significó la gran oportunidad para Rita, quien subió a la pasarela, gracias a la generosidad de Tino, que días después se encargó de cobrar en especies "el favor recibido". La docilidad de Rita motivó a Tino a conseguirle algunos trabajos rentados y, paralelamente, para insertarla en el mercado; pudo armarle algunas notas y escándalos, como, por ejemplo, el de hacer el amor en una plaza ante la "supuesta presencia ignorada por ella" de un paparazzi.

Después de eso, vinieron cientos de notas, y Rita cobró una precaria notoriedad. Odiaba a los animales, pero se convirtió en un adalid de la defensa de sus derechos, y se la veía pasear con su oso hormiguero Gaspar por los lugares más "top". Rita cumplió veinticinco años la semana pasada y ya es una "vieja". Tino no la atiende por teléfono cuando lo llama pidiéndole trabajo. El último comercial lo hizo para un jabón de lavar hace tres meses y con eso vivió hasta estas últimas semanas. Comenzó a buscar desesperada algún ingreso, de cualquier forma, para someterse a algún retoque de cirugía plástica que la devuelva al mercado laboral que perdió. Rita es ahora una pelotuda desesperada.

El peronista pelotudo

"Para un peronista, no hay nada mejor que otro peronista."

De las "Veinte verdades peronistas"

El peronista tradicional ha mutado en los últimos años adoptando figuras no muy parecidas al perfil que lo vio nacer. Ese peronista nada tiene que ver con la versión original que más llega a parecerse a uno de los modelos de pelotudo aquí descriptos que a un peronista. Describiré, entonces aquí, al personaje folclórico que habita nuestro suelo patrio, el modelo original. Nostálgico de los años 40, tal vez su conversión y su pasión hacia la causa se remonten a aquella época en que tuvo oportunidad de ver y/o recibir alguna dádiva de la mano de la "compañera" Evita o del "General". Esto lo marcó a fuego, y, al influenciarlo con una cantidad impresionante de estímulos, hizo que jurase fidelidad eterna a la causa. Su lenguaje es el de la *Veinte verdades peronistas*. Cada frase suya tiene que estar "adornada" por una cita de su profeta, el "General"; así pueden producirse esclarecedores diálogos, plenos de profunda doctrina peronista, como el que a continuación se transcribe:

-Querida, ¿ya está la cena?

-Esperá, querido, estoy atendiendo a los chicos...

-Cierto; el General decía que los únicos privilegiados son los niños... ¿Qué comemos hoy?

-Un guiso... No pude comprar gran cosa; ¡no sabés los precios cómo están!...

-Y el General decía que los precios suben por el ascensor, y los salarios, por la escalera. ¿Y dónde está nuestro hijito Juan Domingo?

-¡Como siempre, pegado a la computadora! ¡Lo domina la computadora!

-¿Viste? El general decía que el 2000 nos encontraría unidos o dominados... ¿Y María Eva?

-Viendo el programa de Susana, que volvió otra vez con los concursos. Ella se engancha con los

millones de premios...
-¡Y claro!, como la compañera Evita, que prometió volver y ser millones.
-¿Qué te parece si me ayudás, así está la comida antes?
-Claro. "Mejor que decir es hacer, y mejor que prometer es realizar". ¿Qué salsa estás comprando, vieja?
-Esa de la cancioncita... ¿cómo es?
-"Llevo en mis oídos la más maravillosa música...".
-¡No, boludo!... ¡Uff!... ¿Te gusta con un poco más o menos de sal?
-Ni yanquis ni marxistas... tercera posición...

-¡Papá, papá! ¿Puedo usarte la lapicera?
-Mi único heredero es el pueblo, hijo mío.
-¿Y, viejo?, ¿ya terminaste con eso?
-Por supuesto. Perón cumple. Evita dignifica...
-Anoche no cumpliste mucho que digamos vos, ¿no?
-Primero la patria, después el movimiento, y luego los hombres...
-¿Y qué pasó con el verticalismo?
-Compañera, alcanzaremos la victoria tarde o temprano, cueste lo que cueste, y caiga quien caiga.

El pelotudo economista

"El objetivo de estudiar Economía no es adquirir un conjunto de respuestas instantáneas a las preguntas económicas, sino simplemente evitar ser embaucado por los economistas."
                                                                    Joan Robinson

Estamos con el doctor Miguel Ángel Martínez Buscapina, economista formado en la escuela de Chicago, becario full-e-ro del World National Fund, asesor del Banco Nacional de Zaire, miembro de número de la Academia Internacional de Economistas para el Tercer Mundo. Participante del reciente coloquio llevado a cabo en Suiza sobre alternativas de inversión de exacciones ilegales para gobernantes del tercer mundo, en un contexto de globalización.

-Doctor Martínez Buscapina: ¿cómo se ve nuestro país a luz de los últimos acontecimientos? ¿Cómo nos ven afuera? Quisiera preguntar también si tenemos posibilidades de recibir capitales en este contexto.

-Yo soy absolutamente optimista. Sin ir más lejos, cuando el señor Presidente anunció esta semana la ley que permite a empresas extranjeras tener un amplio programa de exención de impuestos, y la desregulación total del programa de inversiones subvencionando la rentabilidad *off-shore*, recibí infinidad de consultas.

-¡No me diga, doctor! ¿Qué tipo de consultas?

-Por ejemplo, recibí un mail de las Islas Cayman preguntando sobre nuestras playas, ya que, superado el requisito sobre una potencial inversión, nos ubicábamos con una clara ventaja competitiva sobre ellos en este particular. Otras de las preocupaciones de esta gente era conocer datos de nuestros hoteles y de nuestros servicios de acompañantes. Esta semana me tomé, junto a miembros de nuestro equipo de la consultoría, el trabajo de chequear el potencial de nuestro país en dicho aspecto; y puedo asegurar que hay un claro alineamiento entre lo que significa la política económica que está llevando a cabo nuestro equipo económico y la oferta que nuestro país dispone en esta área.

-Usted está refiriéndose, tal vez, a la posición adoptada por nuestra delegación, que fue elogiada con absoluta unanimidad en todos los organismos internacionales de crédito.

-Exacto; debo destacar algunas posiciones especiales, como la popular "perdón viejita", que nos hace pensar en el *waiver* solicitado; la popular "vaquita distraída", en directa relación con la gestión de nuestro negociador, y tantas más, que fueron ampliamente comentadas en el último coloquio suizo.

-Realmente doctor, su explicación abre una luz de esperanza; abre un nuevo camino; nos vuelve a abrir otra vez, como tantas veces nos han abierto ya, y creemos que ya no se puede, y sin embargo, se lo hace. ¡Gracias por sus comentarios, doctor! ¡Y lo esperamos en todo momento!

EL **pelotudo** ARGENTINO

El Diario de Yrigoyen
del pelotudo argentino

(o lo que le gusta que le digan ...

¡ARGENTINA CAMPEÓN!

El equipo demostró que somos los mejores del mundo. La prensa internacional nos elogia, y los festejos se extendieron hasta el amanecer en diferentes ciudades. El Presidente conversó telefónicamente con el DT, a quien "felicitó por la excelente *perfomance* del equipo que enorgullece a la nación toda". Hoy hay asueto en la administración pública a partir de las 10 de la mañana, para facilitar el traslado de los simpatizantes que quieran asistir al aeropuerto a recibir a los campeones.

LA ECONOMÍA MUESTRA SEÑALES DE REACTIVACIÓN

EL FMI ELOGIÓ LAS NUEVAS MEDIDAS

El presidente norteamericano habló telefónicamente con su par argentino para felicitarlo por el acuerdo alcanzado.

Se elogió la recuperación argentina en distintos foros internacionales.

El Diario de Yrigoyen
del pelotudo argentino

o le mientan)

Dura réplica de nuestro ministro de Relaciones Exteriores

Dirigida al secretario de Asuntos Menores de la Comisión de Países Emergentes del Tercer Mundo en Vías de Subdesarrollo, Charles Busca, quien afirmó que "la Argentina debería ser más seria". La enérgica respuesta de la cancillería no se hizo esperar, y el ministro convocó a una rueda de prensa.

Asumió el nuevo gobierno

El candidato triunfante prometió reactivar el aparato productivo y terminar con la exclusión social

En su primer discurso ante las cámaras, luego de su asunción, el candidato presentó su plan de gobierno en el que promete terminar con la corrupción y la pobreza. Anunció un riguroso plan de austeridad oficial, mediante diferentes estrategias de control a implementarse en los próximos días.

Se investigará hasta las últimas consecuencias

El funcionario prometió investigar los casos de corrupción hasta las últimas consecuencias y, a tales efectos, encargó la conformación de una comisión investigadora que deberá expedirse en el término de 60 días.

Se construirán 20.000 viviendas

El anuncio se realizó ayer dentro del proyecto de reactivación que propone el gobierno, a través del "Plan Chamuyo Barato", con el cual pretende dar trabajo a 500.000 desocupados.

1.200.000 visitantes tuvo la Feria del Libro

Sorprendente nivel intelectual del público argentino asistente a esta nueva versión de la Feria del libro donde el fenómeno se repite año a año. El título más consultado fue otra vez el Martín Fierro.

Se respetarán los depósitos en su moneda de origen

Prometió el Presidente en una rueda de prensa, en la que aseguró que los depositadores pueden estar absolutamente tranquilos y confiar en el sólido sistema financiero argentino, y en las garantías que el estado argentino siempre brindó.

La pelotuda mediática

"Las respuestas a los problemas de la vida no están en el fondo de una botella... ¡Están en la TV!"

Homero Simpson

Nota televisiva hecha a un ignoto personaje, de dudoso valor periodístico, pero muy apto para llenar minutos de programación hueca para consumo de televidentes más huecos aun.

-Ana Paula, ¿ese nuevo peinado es parte de una nueva personalidad?
-Bueno, es una propuesta nueva que estoy haciendo, nada, digo..., es decir...
-Ahora que te has producido así, ¿te podremos ver en la ficción, tal vez?
-Yo siempre quise protagonizar algún drama, pero bueno... nada...
-¿Esto es parte de alguna estrategia montada con tu estilista?
-Bueno, Manuelito Carrasco, a través de una propuesta de Juan Carmelo, del local de Avenida Santa Fe, me marcó unos bucles, y ahora estoy convencida de que algo debo hacer con mis lolas... Estuve pensando en levantarlas un poco. (En ese momento, aparece en pantalla un título: "Pensé en levantarme las lolas". Eso refuerza un concepto de difícil comprensión para el televidente de marras. El reportaje sigue.

-¿Estás en pareja?
-Bueno, ahora estoy en una etapa plena de mi vida y trato de sentirme bien... Creo que hasta debería leer un libro...
-¿Y lo de Javier Antonio, el tecladista del Grupo "Chotanga"?
-Con Javier concluimos la relación. Ahora somos buenos amigos.
En ese momento, vuelve la tituladora al ataque, con la afirmación "Con Javier somos buenos amigos". Eso le proporciona al televidente la paz necesaria para encarar la próxima pregunta;

esta vez, el periodista se pondrá incisivo.
-Sin embargo, te vimos con Sergio, el bajista de "Chotanga"...
-Bueno, nada, digo... Somos amigos.
-¿Y con Aníbal, el vocalista de Chotanga?
-¿Ustedes dicen por esa nota que me hizo un canal de cable a la salida de ese hotel? Estuvimos estudiando el lugar para un clip del grupo... Al final no se hizo... el clip... claro.
-Bueno, Ana Paula, que sigas tan fresca como siempre... La verdad que personas como vos nos reconcilian con la vida... Gracias por la nota... Sabemos que guardás mucho tu vida privada y te agradecemos la deferencia.
-No, gracias a ustedes; y recuerden que pueden visitar mi página web donde verán unas fotos increíbles... ¡¡Chau, chau!!

La histérica pelotuda

Quiere y no quiere. Muestra y no quiere mostrar, y a veces le molesta que la miren, aunque se lo puso para que se lo vieran, y se molestaría mucho si no la viesen. Es muy común verla con una prenda que le marca un prominente culo tapado con un saquito, aunque sea pleno verano. Personaje muy difundido últimamente en nuestras tierras. Provocadora e insegura. Es capaz de hacer levantar temperatura y, llegado el momento, cual baldazo de agua fría, decir "no".

Llora y se emociona con la misma facilidad con que se prueba veinticinco prendas antes de salir; y, cuando finalmente se decide, sale con la convicción de que está fea.

Vive en el culto a la cola. La modela, la cuida y hasta, tal vez, piense por allí. Hace todo lo posible para que cualquier mortal suponga que esa cola está a su alcance y sabe cuál es el punto exacto para retirarla de la vidriera.

Es un peligro entrando en una tienda para comprar ropa. Se prueba absolutamente todo, y nada la convence.

Últimamente, incorporó el celular a su anatomía y puede usarlo también como arma.

Aceptará una cita sin demasiadas vueltas; y en esa ocasión, se preocupará por contar lo liberal que es, tratará de hacerte embalar relatándote alguna aventura en una playa nudista y luego, cuando uno está a punto, aclarará que ella es una chica formal, conservadora; hasta pretenderá hacerte creer que es virgen y, sin decírtelo directamente, te insinuará que no respondes al perfil del candidato para obtener el preciado trofeo.

De manera que, si uno no está en la búsqueda de una aventura masoquista algo sofisticada, es mejor huir ante la presencia de uno de estos personajes.

El pelotudo extranjerizante

-Hola, Mike; ¿viste que en el shopping están todos de sale? ¿Me acompañás a ver un sweater?
-¡Wonderful, men!
-¿Te parece si nos vemos en el pub de siempre? Tomamos un drink y te acompaño. Desde las 7 hay happy hour.
-OK. A propósito ¿qué pasó con tu cita de ayer?
-Fui. Pero solo les pude preparar un little brief.
-¡Shit!
-Lo que pasa es que no pude usar el Photoshop.
-¿Por qué?
-Porque tengo problemas con el hardware.
-¿Hablaste con la gente de Electronic's?
-Sí, pero resulta que al técnico lo internaron con un stress bárbaro y lo mandaron a un SPA en Caldas da Feijoada.
-¡Sorry!,¿pero a vos no te veía Willy tu notebook?

-¿Sabés que Willy tiene una banda?
-Obvio.
-Bueno, están armando una tournée por todo el interior, y entonces, él nos dejó out a todos.
-¡Pero ese flaco está crazy!
-¿Por qué?
-Porque a mí, cuando me instaló el Free Fax en el meeting room de la compañía, me dijo que la música no le convenía. ¡Él es un bon vivant!; tiene ese côté de gourmet... No lo veo de músico de rock... ¿Te lo imaginás a él punk, lleno de tatoos y con body piercing?
-Más bien lo veo enseñando recetas de alta cuisine. Yo me acuerdo cuando me instaló un software de un diccionario español bárbaro en la PC.
-¿Hace mucho?
-No tanto. Es buenísimo, y hay que tenerlo. ¡El español es un idioma tan rico, men!...

El pelotudo periodista

Estamos cubriendo en exclusiva esta nota. Único medio en el lugar. Acaba de producirse una interesante novedad en torno al caso del marinero ruso que, atraído por el amor de una argentina, ancló en nuestras costas para consumar su romance. Estamos en condiciones de informar que Vladimir -tal es el nombre de este marino- se encontraría internado en un nosocomio de nuestra capital, con un cuadro que los facultativos se niegan a describir y que, aparentemente, se debería a la ingesta de algún animal típico de la dieta alimentaria de estos marinos. ¡Adelante, estudios!

-¿Nos podrías precisar de qué tipo de animal se trataría? Te hago esta pregunta, porque llegó a nuestra redacción una información que proviene de Río Gallegos y que dice que un mendigo falleció esta madrugada en los suburbios de esa capital, y queremos establecer si hay alguna relación entre los dos casos. Estamos en contacto con FM Gaviota, con el periodista Jacinto Almontes, que investiga el caso.

-Señor Almontes, ¿se ha establecido ya alguna relación entre la muerte del mendigo y la intoxicación del marinero ruso? ¿Cómo se ha caratulado la causa? ¿Se puede hablar ya de una epidemia?

-Estamos en condiciones de informar sobre la aparición de ballenas en nuestras costas, lo que constituye un hermoso espectáculo para los turistas que nos visitan.

-Perdón, habíamos establecido una conexión para recabar información sobre unas extrañas muertes en el sur... Por favor, producción... Un momento, nos informa nuestro móvil... ¡Adelante!

-Sí, es para informar que hemos accedido al nosocomio; le pido a la cámara que me siga, y estamos viendo a Vladimir, el marino, en una actitud sospechosa, corriendo en dirección a los sanitarios... ¡Vladimir!, ¡Vladimir! ¿Qué puede decirnos? ¡Vladimir! Imágenes exclusivas... Accederemos como único medio a declaraciones del marino ruso que inició la epidemia... ¡¡Vladimir!! ¡Un momento, Vladimir!... ¡Por favor, enfocalo!...

(Vladimir, mirando a la cámara)

-¡¡Me cagooooooooooooooo!!

Declaraciones exclusivas, entonces, de Vladimir, antes de acceder a los sanitarios de este nosocomio, donde se encontraría internado. ¡Adelante, estudios!

El pelotudo menemista

"Se va a licitar un sistema de vuelos espaciales mediante el cual, desde una plataforma que quizás se instale en la provincia de Córdoba. Esas naves espaciales va a salir de la atmósfera, va a remontar a la estratósfera y desde ahí elegir el lugar donde quieran ir de tal forma que en una hora y media podamos desde Argentina estar en Japón, en Corea o en cualquier parte." (sic)

Carlos Saúl Menem, ex-presidente argentino

Este es un personaje que tuvo su período de apogeo en la Argentina de la década del 90, donde se remataba a diestra y siniestra hasta el último vestigio de la opulencia que alguna vez creímos conseguir. Si bien podría identificárselo como un desmembramiento del pelotudo peronista, tiene características propias, que le dieron un marcada identidad. En ese sentido, el pelotudo menemista adquirió modales de nuevo rico, que le sirvieron para ingresar en un irreal mundo al que solo podían acceder algunos personajes de la farándula o el *jet set*. El menemista es un corrupto por definición y es más prestigioso su título, si su fortuna está seriamente cuestionada. En ese sentido, para ser un menemista auténtico, no necesariamente debería haber votado a Carlo. Puede tener otra extracción política también. Solo hay que saber involucrarse en el "negocio" de la política. Los ámbitos menemistas rechazan a los intelectuales y reciben con los brazos abiertos a señoritas de liviana vida, criminales internacionales y todo aquel que se acerque a proponer un negocio.

El grito de guerra del pelotudo menemista es el "Vamo y vamo".

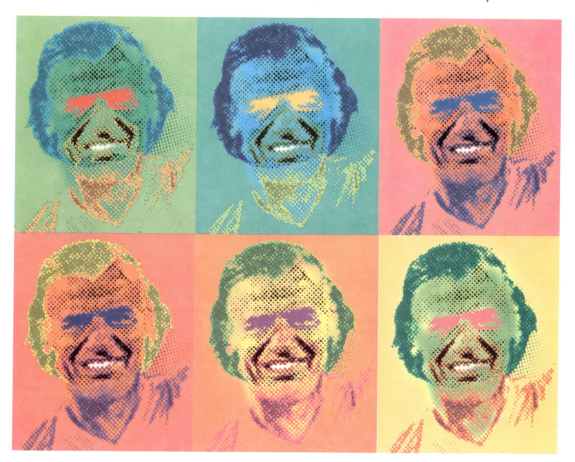

Hay diferentes categorías de pelotudos menemistas, y eso está de acuerdo con lo que cada uno recibió como contraprestación en ese período de dilapidación inusitada en la historia argentina; todo depende de:
- si tuvo acceso a alguna de las privatizaciones.
- si recibió un cargo público y gracias a ello amasó una considerable fortuna.
- si, siendo arquitecto, y al no conseguir un trabajo acorde con su profesión, aprovechando las "profundas transformaciones de este período", pudo acceder a la cuota del taxi que ahora maneja.
- si compró el televisor en treinta y seis cuotas para ver el mundial, aunque se lo hayan embargado al dejar de pagar la quinta.
- si conoció Camboriú y se trajo como trofeo un termo y una toalla afanada del hotel.

Cualquiera de ellos recuerda con cariño a Carlo. Porque también concluyen, pelotudamente:
"¿Quién nos quita lo bailado?"

El psicoanalista pelotudo

Usted acudirá a él como buen pelotudo, buscando el camino para una vida mejor. No imaginará, por supuesto, que puede ser el principio de una serie de pequeñas desgracias. Tal vez se lo hayan recomendado, pero usted nunca sabrá si lo que usted necesitaba era un lacaniano o un freudiano, o un kleiniano, o un especialista en terapias breves, o un gestáltico, o un devoto de algún otro gurú de la Psicología, al servicio del mejoramiento de la humanidad que, en este preciso momento, pasa a ser parte importante de sus problemas. El "profesional" decidirá hacerle una entrevista preliminar, en la que serán pactados los honorarios; y un poco para alimentar el ego -del profesional actuante, claro-, le preguntará por qué usted lo eligió. Mientras satisface los requerimientos, usted pegará una ligera mirada a la biblioteca que rodea el diván y descubrirá, para su preocupación, algunos volúmenes inquietantes sobre brujería, filtros mágicos y obras completas de algún conocido referente de las ciencias ocultas. Acto seguido, él le pedirá que hable. Usted lo hará pensando que eso liberará su angustia y comprobará que lo único que produce es un ligero adormecimiento del analista. Después de haber contado hasta lo incontable y como para despertarlo un poco, usted requerirá de él alguna indicación

del tratamiento, una pista del camino para seguir, una luz al final del túnel; él solo atinará a decir que el tratamiento será largo y que lo mejor que le podría haber pasado es decidir empezar la terapia -aquí es legítimo dudar si este comentario se refiere a él o a usted-. En ese desgraciado y preciso instante, sonará una desagradable chicharra que le indicará que su hora ha llegado; si usted tiene más cosas para contar, deberá hacerlo durante la *happy hour* del bar más cercano, donde el *barman* tal vez tenga un poco más de sensibilidad y lo quiera escuchar, entre copa y copa. Y si eso no fuera posible, por lo menos un buen trago lo hará olvidar de lo pelotudo que fue al consultar al psicoanalista.

Contratiempos pelotudos

- Salir apurado y encontrarse con un piquete.
- Que el día que te vence el plazo fijo, el "confiable" banco donde depositaste haya entrado en liquidación.
- Decidir comprar dólares el día que aumentaron.
- Jubilarse.
- Iniciar un trámite.
- Hacer cola para retirar una boleta para pagar un impuesto.
- Hacer un reclamo en una compañía de servicios y pretender que nos den bola.
- Encontrar un baño limpio cuando tenemos un apuro mayúsculo. Lo mismo, cuando uno termina el trámite presuroso y no encuentra el papel.
- Ir por la ruta y ver que al tipo que te pasó a 240 km por hora no lo detiene el control caminero, y a vos te piden hasta el certificado de vacunación.
- Que se te prenda la luz roja en la aduana, cuando el que venía al lado de vos haciendo ostentación de sus compras, pasa sin problemas, alardeando con sus paquetes.
- Que te curre el taxista.
- Que te den mal el vuelto y te lo nieguen.
- Tomar un tren.
- Tomar un taxi, y que te paseen.
- Tomar un taxi, y que te asalten.
- Tomar un subte en horas pico.
- Que te multen por algo que nunca hiciste.
- Que te asalten en el lugar menos pensado (incluso, al frente de una comisaría).

- *Que te inventen un impuesto que te arruina la vida.*
- *Intoxicarte con el producto de mayor prestigio.*
- *Que te dejen plantado.*
- *Tener un choque pelotudo y aparecer en Crónica TV.*
- *Que te muerda un perro que no está vacunado.*
- *Que te aparezca un consumo enorme en la tarjeta de crédito y no sea tuyo.*
- *Que te aparezca una deuda insólita con un organismo estatal que ni conocías.*
- *Que se te pare el auto en una villa.*
- *Acordarte de un vencimiento el último día y tener que hacer una tremenda cola.*
- *Que "se caiga el sistema".*
- *Recibir excusas pelotudas, porque se cayó el sistema.*
- *Que te informen en un sistema de "escrache" como fulero, cuando nunca tuviste una deuda.*
- *Agarrarte una infección intrahospitalaria.*
- *Que no tengan camas disponibles en ningún sanatorio cuando te tienen que operar de urgencia.*
- *Que te operen de algo de lo que estás sano.*
- *Que te confisquen los ahorros de toda tu vida y te ofrezcan a cambio unos papeles inservibles.*
- *Que te paguen el sueldo en bonos.*
- *Tomar un taxi, y que el tachero empiece a pelear con otro automovilista y quiera hacerte su cómplice.*
- *Que te actualicen la cuota que estás pagando, y se vuelva impagable.*

El pelotudo amiguero

"Los amigos no son más que enemigos con los que hemos establecido un armisticio, no siempre lealmente observado."

Giovanni Papini

–¡Oscar! ¡Tanto tiempo ¡Qué gusto verte!*(primera frase falsa con la que se inaugura el encuentro).*
–¡Paco!, ¿no te comentaron que te llamé? *(no lo llamó nunca, pero queda bien en estos casos decirlo).*
–No me dijeron nada; es que cambié el celular *(lo hizo para que no lo agarraran los acreedores).* Después te doy el nuevo número, aquí no tengo lapicera (tampoco, intención de darlo).* ¡Y vos, ¿cómo andás? *(la idea es cambiar de tema para no dar el número de teléfono).*
–Y... no muy bien... *(cree inocentemente que el otro se va a apiadar de él y le va a tirar una soga).*
–No digas... ¿Te enteraste de lo Marcelo? *(cambia de tema para evitar la pálida o el inevitable mangazo).*
–No, ¿qué le pasó?
– Se separó de su mujer... Lo engañaba con medio mundo. Esto que te digo no se lo cuentes a nadie.
–Me extraña... Vos sabés que soy como una tumba para esto *(falso. Ya está pensando a quién contárselo y está gozando por dentro).*
–Tuvimos que ayudarlo entre varios amigos ¡Vos sabés que para eso estamos los amigos! ¿O no? *(otra falsa declamación de amistad del pelotudo amiguero).*
–¡Pobre! *(falsa muestra de solidaridad).* ¿Y tus cosas cómo andan? *(preparando el terreno para un eventual mangazo).*
–¿Y qué querés que te diga? *(haciéndose el pelotudo, porque la ve venir).* Está difícil...
– Esa 4x4 de la que bajaste es tuya, ¿no? *(aquí entran a jugar el arremetedor ataque del manguero y el orgullo ostentador del pelotudo, que no puede evitar pasarle el auto por la cara).*
– Sí, ¡¡viste!! Pensé: "¿Por qué no darme un lujito?" *(la necesidad de ostentación es más fuerte que la de hacerse el boludo ante un mangazo inminente).*
–Yo vendí el Fiat 600 para pagar la deuda de la farmacia *(tratando pelotudamente de sensibilizarlo).* A propósito, ¿no tendrás cien mangos hasta el sábado, que cobro? *(no aclara cuál sábado).*
–¡Uy!, ¡mirá la hora que se hizo! *(tratando de huir).* Justo me agarrás sin efectivo; ¡pero llamame, no seas gil! Para eso estamos los amigos, ¿o no? *(reiteración de la falaz afirmación).*
–¿Y el número de teléfono?
–Chau *(se despide con un muy fuerte y falso apretón de manos y un abrazo no menos fingido).* ¡No sabés el gusto que me dio verte! *(mentira; huye presuroso y grita a la distancia para que oigan todos).* ¡Saludos a tu familia! *(obviamente, ni los conoce).* ¡Chauuuu!

El pelotudo y su familia, o la familia del pelotudo

Para constituir una familia pelotuda, debemos conseguir, en primer lugar, cruzar un pelotudo y una pelotuda.

El grado de pelotudez que aporte cada uno de ellos a la sociedad conyugal no será demasiado importante en esta instancia, dado que uno potenciará al otro, tarde o temprano.

En el momento en que los pelotudos formalicen algún acuerdo para unir sus vidas, sus actitudes cambiarán violentamente.

El pelotudo, otrora atorrante profesional, pretenderá erigirse en honorable señor; y la pelotuda, con antecedentes que harían ponerse colorado hasta al mismísimo Marqués de Sade, se convertirá en una dama de moral intachable.

Las alternativas del festejo de esta alianza son las descriptas en "el pelotudo en fiestas".

Un cambio verdaderamente importante en la vida de estos pelotudos es la llegada al mundo de pelotuditos.

La mamá pelotuda prepara el terreno como para recibir a un príncipe heredero, y el paisaje hace pensar que cuando se produzca el alumbramiento, cronistas de las revistas del corazón cubrirán el evento.

Por su lado, el pelotudo se sumirá en diferentes tipos de ridiculeces, como asociar al bebe al club de sus amores o adquirirle un costosísimo juguete, que seguramente caerá en la obsolescencia a los dos meses y que el pelotudito recién podría usar en doce años.

A medida que este cachorro de pelotudo crezca, o que se incorporen otros nuevos miembros en el hogar, las exigencias hacia el pelotudo y su consorte irán creciendo. Eso hará que, para cumplimentar una serie de formalidades exigidas por el pelotudo entorno que los rodea, la familia pelotuda asuma deudas imposibles de pagar.
Los valores que hasta hace poco pregonaban estos pelotudos se irán diluyendo en la dura realidad.
Se transformarán rápidamente en trepadores a cualquier precio.

El candidato pelotudo

"Señores: Aspiro a ser diputado, porque aspiro a robar en grande y a "acomodarme" mejor. Mi finalidad no es salvar al país de la ruina en la que lo han hundido las anteriores administraciones de compinches sinvergüenzas; no, señores, no es ese mi elemental propósito, sino que, íntima y ardorosamente, deseo contribuir al trabajo de saqueo con que se vacían las arcas del Estado, aspiración noble que ustedes tienen que comprender, es la más intensa y efectiva que guarda el corazón de todo hombre que se presenta a candidato a diputado.

Robar no es fácil, señores. Para robar se necesitan determinadas condiciones que creo no tienen rivales. Ante todo, se necesita ser un cínico perfecto, y yo lo soy, no lo duden señores!... Saber venderse oportunamente, no desvergonzadamente, sino "evolutivamente". Me permito el lujo de inventar el término que será sustitutivo de traición, sobre todo, necesario en estos tiempos en que vender el país al mejor postor es un trabajo arduo e ímprobo, porque tengo entendido, caballeros, que nuestra posición, es decir, la posición del país no encuentra postor ni por un plato de lentejas en el actual momento histórico y trascendental. Y créanme, señores, yo seré un ladrón, pero antes de vender el país por un plato de lentejas, créanlo..., prefiero ser honrado. Abarquen la magnitud de mi sacrificio y se

darán cuenta de que soy un perfecto candidato a diputado.
Cierto que quiero robar, pero ¿quien no quiere robar?
Díganme ustedes quién es el desfachatado que en estos momentos de confusión no quiere robar. Si ese hombre honrado existe, yo me quiero crucificar.
Mis camaradas también quieren robar, es cierto. Pero no saben. Venderán al país por una bicoca, y eso es injusto. Yo venderé a mi patria, pero bien vendida. Ustedes saben que las arcas del Estado están enjutas, es decir, que no tienen un mal cobre para satisfacer la deuda externa; pues bien yo remataré al país en cien mensualidades, de Ushuaia hasta el Chaco Boliviano, y no sólo traficaré el Estado, sino que me acomodaré con comerciantes, con falsificadores de alimentos, con concesionarios; adquiriré armas inofensivas para el Estado, lo cual es un medio más eficaz de evitar la guerra que teniendo armas de ofensiva efectiva, le regatearé el pienso al caballo del comisario y el bodrio al habitante de la cárcel, y carteles, impuestos a las moscas y a los perros, ladrillos y adoquines...
¡Lo que no robaré yo, señores! ¿Qué es lo que no robaré?, díganme ustedes. Y si ustedes son capaces de enumerarme una sola materia en la cual yo no sea capaz de robar, renuncio ipso facto a mi candidatura...
Piénsenlo aunque sea un minuto, señores ciudadanos. Piénsenlo. Yo he robado. Soy un gran ladrón. Y si ustedes no creen en mi palabra, vayan al Departamento de Policía y consulten mi prontuario. Verán qué performance tengo.
He sido detenido en averiguación de antecedentes como treinta veces, por portación de armas -que no llevaba- otras tantas, luego me regeneré y desempeñé la tarea de grupí, de "claque", rematador falluto, corredor, pequero, extorsionista, encubridor, agente de investigaciones; fui luego agente judicial, presidente de comité parroquial, convencional, he vendido quinielas, he sido, a veces, padre de pobres y madre de huérfanas, tuve comercio y quebré, fui acusado de incendio intencional de otro bolichito que tuve...
Señores si no me creen, vayan al Departamento... verán ustedes que yo soy el único que puede rematar la última pulgada de tierra argentina... Incluso, me propongo vender el Congreso e instalar un conventillo o casa de departamentos en el Palacio de Justicia, porque si yo ando en libertad es que no hay justicia, señores..."

Roberto Arlt (1900-1942)
"El discurso que tendría éxito"

El pelotudo argentino en masa

Desde espectáculos deportivos multitudinarios hasta en manifestaciones populares por causas justas, medianamente justas o a las que jamás se les podrá encontrar la razón de ser, el pelotudo argentino en masa aparecerá saltando, gritando y demostrando de esa manera particular "que lo mejor que tenemos es el pueblo". Todo ese espectáculo se arma de una manera más armónica, si algún medio de comunicación acompaña la concentración; y en ese sentido, debemos reconocer que el pelotudo en masa nació mucho antes de que la TV tuviera la importancia que ahora tiene. Aquí se debe destacar que con la tele el efecto del pelotudo de masa se potenció notablemente. Existen hitos importantes en la Historia relativos a este tipo de pelotudo, y no pueden dejar de nombrarse

el Mundial de Fútbol de 1978 -llevado a cabo mientras se producía la tragedia de miles de desaparecidos- y los discursos de Galtieri en el balcón, durante la Guerra de Malvinas, incluso el del 2 de abril de 1982, cuando los mismos pelotudos fueron apaleados dos días antes por los mismos a quienes vivaron y en el mismo lugar.

Antecedentes de estas conductas sobran en la historia argentina, con diferentes matices. El pelotudo abrigó siempre la esperanza de que al día siguiente de una concentración popular, todo cambiaría. Eso lo creía solo por pelotudo. A pesar de eso, el pelotudo no se quema e insiste; una y otra vez, lo vuelven a tomar por pelotudo... ¿Sabremos hasta cuándo?

EL CUENTITO DE UN PAÍS PELOTUDO

Había una vez un territorio extremadamente rico, lleno de recursos y posibilidades. Un día llegaron hasta allí intrusos, ávidos de riquezas fáciles. No fue por un acto deliberado sino por un pelotudo error de cálculo que terminó depositándolos en estas tierras.

A cambio de vistosos presentes sin ningún valor, lograron convencer a los nativos

del lugar para que se sometieran y entregaran rápidamente todas sus riquezas. Estos exploradores se consideraban los portadores de la civilización y sucumbieron ante las bellezas de este verdadero paraíso terrenal. Así fue como echaron raíces en este nuevo mundo. Rápidamente impusieron sus costumbres y sus vicios a los verdaderos dueños de estas tierras, quienes padecían a estos molestos visitantes que jamás habían invitado. Intrusos y nativos no tardaron en mezclarse y se dieron cuenta de que no podían depender indefinidamente del reino de donde venían y mucho menos, de un monarca que los manejaba con la pretensión de ser socio sólo de las ganancias. Se les ocurrió entonces la feliz idea de independizarse. Algunos otros episodios de lucidez como este hubo

aunque no fueron frecuentes. A pesar de todo, construyeron una nación basada en nobles principios que lamentablemente siempre fue vulnerable a la acción astutamente perversa de unos pocos que pretendían tomar al resto por pelotudos.

LA historia siguió de manera muy parecida, aunque cambiando en ciertos casos algunos matices. Cuando llegó el siglo XX, este territorio tenía tantas pero tantas riquezas guardadas, que algunos memoriosos cuentan que era muy difícil caminar entre las barras de oro que habían llegado a almacenar. Esto volvió a despertar seguramente el interés de quienes vieron aquí otra vez la gran oportunidad para utilizar nuevamente una receta que daba tan buenos resultados y que les permitiría apropiarse de las

riquezas fácilmente. Como los tiempos cambian, la fórmula requería alguna actualización. Los antiguos espejitos de colores con los que convencían en otros tiempos a los nativos se iban a convertir ahora en ilusiones y a veces, ni siquiera en eso. Algunos pobladores del lugar ya se sentían molestos y quisieron alertar de este peligro a los demás. No tardaron en ser detectados y con variados métodos comenzaron a eliminarlos. Como esto no bastaba, inventaron algo más sofisticado para entretener al resto de la población mientras ellos hacían de las suyas: las distracciones. Estas se instrumentaron de las formas más variadas y tuvieron un éxito impresionante. Fomentaban todo tipo de pasiones inútiles motivando a la población a desarrollarlas. Inmensas masas presas de un inconsistente

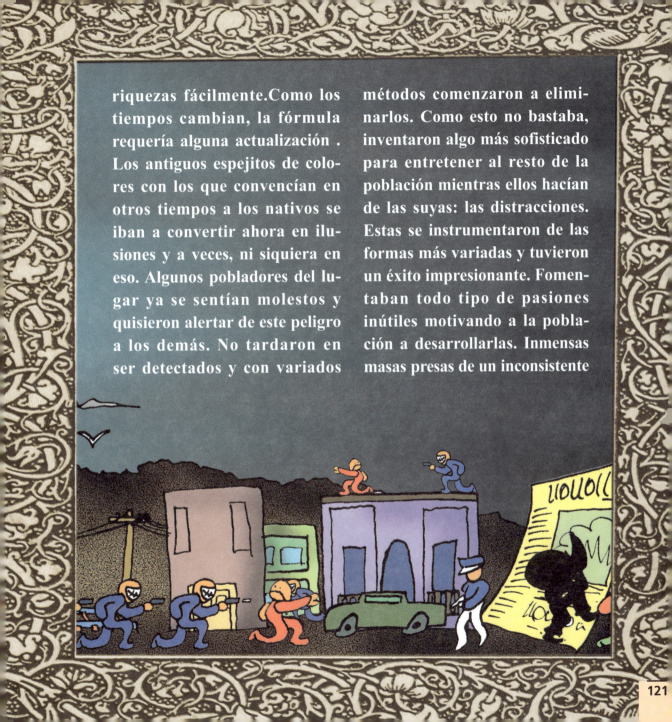

furor ayudadas por una poderosa maquinaria de difusión convertían a todo opositor en un enemigo. Mientras tanto, unos pocos nativos convidados a ese festín que estaban llevando a cabo los que se apropiaban de todo se encargaron de pasear por el mundo una imagen ganadora y canchera que no tardó en convertirse en antipatía.

El perverso sistema de extracción de riquezas era tan voraz, que precisaba generar permanentemente nuevas estrategias y con el ánimo de someter a la gente a una dependencia aun más grande, ideó la necesidad de pedir dinero prestado. Este aparente gesto de "generosidad" de quienes ofrecían su

dinero terminó pagándose tan caro, que muy poco tiempo después empezaron a verse en una tierra donde los alimentos brotaban naturalmente, niños muertos de hambre además de carencias y desgracias inimaginables en estos confines del mundo.

La historia sigue repitiéndose igual en este cuento de nunca acabar, y los nativos siguen tal vez de manera inocente o pelotuda esperando algo que alguna vez los haga, por lo menos, en este cuento, protagonistas de un final feliz.

Epílogo pelotudo

"Los libros que el mundo llama obscenos son libros que enseñan al mundo sus propias vergüenzas"

El retrato de Dorian Gray
Oscar Wilde

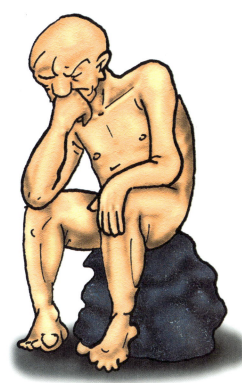

Escribió Arturo Jauretche en *El Manual de Zonceras Argentinas*:[...] *"Precisamente para que no nos agarren descuidados otra vez y a los que nos sigan, es que se hace necesario un catálogo de zonceras argentinas que creo debe ser obra colectiva y a cuyo fin le pido a usted su colaboración..."*.

Han transcurrido más de treinta y cinco años desde la publicación de esa obra. A lo largo de los años, las zonceras se han multiplicado, y el daño ha sido terrible. No sé si era yo quien debía tomar esta posta. En todo momento, lo hice pensando en que el lector sabrá completar este catálogo con los especímenes que adornan su cotidiano entorno, esparciendo pelotudeces a diestra y siniestra.

No puedo terminar estas páginas sin liberar de la pesada carga de la pelotudez a quienes inmerecidamente se hayan sentido acreedores de ella. La excepciones a las reglas de la pelotudez son las que nos proporcionan una vida mejor, y creo que no son tan difíciles de encontrar.

Índice pelotudo

7	Prólogo pelotudo
8	Acerca del autor, su pelotudez y la de su analista
11	Usted cree que no es un pelotudo
16	El pelotudo paquete
18	El pelotudo *new age*
20	El pelotudo porteño
22	El pelotudo provinciano
24	El pelotudo burocrático
28	Indicadores pelotudos
29	El pelotudo políticamente correcto
30	El pelotudo enamorado
32	El pelotudo optimista
33	El pelotudo *gym*
34	El cantante pelotudo pasado de moda
36	El pelotudo bailantero
38	Cuando un pelotudo se vuelve solidario
40	La docente pelotuda que alguna vez todos padecimos
42	El pelotudo celoso
44	El pelotudo viejo o el viejo pelotudo
46	El pelotudo futbolero
48	El turista pelotudo
50	El pelotudo que te atiende
52	El pelotudo gourmet
54	El pelotudo opinólogo
55	El pelotudo indiferente
56	Un tango pelotudo
57	El pelotudo ilustrado
58	El progre pelotudo
59	El pelotudo facho
60	El pelotudo marketinero
61	El pelotudo que emigra
62	Cuando el pelotudo decide hacer una fiesta

64	Conductas pelotudas
66	El pelotudo en la Internet
68	El tachero pelotudo
70	Cómo hacerse el pelotudo (radiografía de una coima)
72	El pelotudo policía
74	Del catálogo de pelotudos con un micrófono en la boca
78	El médico pelotudo
80	El marido pelotudo
81	La esposa pelotuda
82	El militar pelotudo
84	La pelotuda secretaria al teléfono
85	El pelotudo que te viene a "arreglar" algo
86	El ídolo pelotudo
87	El pendejo pelotudo
88	Excusas pelotudas
90	La pelotuda fashion
92	El peronista pelotudo
94	El pelotudo economista
96	El Diario de Yrigoyen
98	La pelotuda mediática
100	La histérica pelotuda
101	El pelotudo extranjerizante
102	El pelotudo periodista
104	El pelotudo menemista
106	El psicoanalista pelotudo
108	Contratiempos pelotudos
110	El pelotudo amiguero
112	El pelotudo y su familia, o la familia del pelotudo
114	El candidato pelotudo
116	El pelotudo argentino en masa
118	El cuentito de un país pelotudo
125	Epílogo pelotudo